Heine · Grundfragen der Deckungsbeitragsrechnung
in der Binnenschiffahrt

Deckungsbeitragsrechnung und Unternehmungsführung
Herausgegeben von Prof. Dr. Paul Riebel
Band 3

Bernd Heine

# Grundfragen der Deckungsbeitragsrechnung in der Binnenschiffahrt

Die Zurechenbarkeit der Erlöse und Kosten

 Springer Fachmedien Wiesbaden GmbH 1972

ISBN 978-3-663-01712-7     ISBN 978-3-663-01711-0 (eBook)
DOI 10.1007/978-3-663-01711-0

© 1972 by Springer Fachmedien Wiesbaden
Ursprünglich erschienen bei Westdeutscher Verlag GmbH Opladen 1972

## Vorwort

Die vorliegende Arbeit ist ein interessanter Beitrag zur
Diskussion über die Anwendbarkeit der Deckungsbeitragsrechnung und ihre Gestaltungsmöglichkeiten in der Praxis. Die
Untersuchung am konkreten Fall einer Binnenschiffahrts-
Reederei erweist sich für die Weiterentwicklung der Dek-
kungsbeitragsrechnung als notwendig und fruchtbar, weil in
derartigen Unternehmungen besonders komplizierte Verbunden-
heitsbeziehungen auf der Erlös- und Kostenseite vorliegen
und weil die erlöswirksamen Dispositionen über die Auftragsannahme, die sich nur auf wenige Kosten unmittelbar
auswirken, weitgehend getrennt von den kostenwirksamen Ausführungsdispositionen getroffen werden.

Das Kernproblem der Arbeit, wie der Deckungsbeitragsrechnung überhaupt, liegt bei der Zurechenbarkeit der Erlöse
und Kosten. Seine Lösung erfordert im vorliegenden Fall der
Binnenschiffahrt mehr als nur die Anwendung vorgefundener
"Rezepte", nämlich eine Ergänzung der theoretischen Grundlagen. Besonders hervorzuheben ist dabei die eingehende
Analyse der Erlösrechnung, weil diese bisher in der Praxis
und in der betriebswirtschaftlichen Literatur generell vernachlässigt worden ist und weil auch der Schwerpunkt der
theoretischen Fundierung der Deckungsbeitragsrechnung bis
in die jüngste Zeit auf der Zurechenbarkeit der Kosten lag.
Aber auch zur Lehre von der Zurechenbarkeit und von der Abhängigkeit der Kosten werden neue Materialien und Gesichts-
punkte vorgetragen.

Wer die Untersuchung der Zurechnungsprobleme nur als ein
Vorfeld der Anwendung der Deckungsbeitragsrechnung in der
Praxis ansieht, möge bedenken, daß die Klärung der Zurechnungsprobleme eine unabdingbare Voraussetzung für eine sinn-
volle Anwendung der Deckungsbeitragsrechnung ist. Das gilt

sowohl für die Aufstellung von Grundrechnungen als auch für
die Durchführung fallbezogener Sonderrechnungen.

Der Verfasser zeigt, daß die Probleme der Zurechenbarkeit
maßgeblich von den bestehenden Dispositionsgepflogenheiten
bestimmt werden, daß sie schrittweise angegangen werden müssen, daß eine scharfe Präzisierung der Bezugsobjekte für die
Möglichkeiten der Zurechnung und die Aussagefähigkeit der
Deckungsbeitragsrechnung entscheidend sein kann, und daß
insgesamt ein erhebliches Umdenken gegenüber gewohnten Ge-
pflogenheiten notwendig ist.

Die Trennung zwischen Dispositionen über die Auftragsannahme, die Auftragsausführung, den Fahrzeugeinsatz und die Gestaltung der Kapazität sowie die Unterscheidung zwischen
"Ausführungsleistungen" und "Leistungseffekten" werden mit
ihren kalkulatorischen Konsequenzen auf viele andere Verhältnisse übertragen werden können, ja müssen.

Die Aussagen der Arbeit, die von der Wirtschafts- und
Sozialwissenschaftlichen Fakultät der Johann Wolfgang
Goethe-Universität in Frankfurt am Main unter dem Titel
"Probleme der Zurechenbarkeit von Erlösen und Kosten bei
Anwendung der Einzelkosten- und Deckungsbeitragsrechnung
in der Binnenschiffahrt, dargestellt am Beispiel einer Ree-
derei für Massenguttransporte in der Rheinschiffahrt" als
Dissertation angenommen worden ist, sind über den speziellen
Fall der Binnenschiffahrt hinaus von allgemeiner Bedeutung
und für jeden von Interesse, der sich um ein wirklichkeits-
nahes, entscheidungsorientiertes Rechnungswesen bemüht.

Frankfurt am Main, den 23.8.1971

Professor Dr. Paul Riebel

# INHALTSVERZEICHNIS

## Abkürzungsverzeichnis

| | |
|---|---|
| a.a.O. | am angegebenen Ort |
| Anm. | Anmerkung |
| A'Nr. | Auftrags-Nummer |
| Aufl. | Auflage |
| BFuP | Betriebswirtschaftliche Forschung und Praxis |
| BGB | Bürgerliches Gesetzbuch |
| BGBl | Bundesgesetzblatt |
| BinnSchVerkG | Binnenschiffahrtsverkehrsgesetz |
| ders. | derselbe |
| Diss. | Dissertation |
| f. | und die folgende Seite |
| ff. | und die folgenden Seiten |
| FTB | Frachten- und Tarifanzeiger der Binnenschiffahrt |
| H. | Heft |
| HGB | Handelsgesetzbuch |
| hrsg. | herausgegeben |
| insb. | insbesondere |
| Jg. | Jahrgang |
| km | Kilometer |
| NB | Neue Betriebswirtschaft |
| N.F. | Neue Folge |
| PEK | Periodeneinzelkosten |
| PGK | Periodengemeinkosten |
| S. | Seite(n) |
| Sa. | Summe |
| VDI | Verein Deutscher Ingenieure |
| ZB | Zeitschrift für Buchhaltungsfachleute |
| ZfB | Zeitschrift für Betriebswirtschaft |
| ZfbF | Zeitschrift für betriebswirtschaftliche Forschung |
| ZfhF | Zeitschrift für handelswissenschaftliche Forschung |

# I. Einleitung

## A. Problemstellung

Die von Riebel entwickelte Einzelkosten- und Deckungsbeitragsrechnung ist ein grundlegend neuartiges Konzept
für die betriebliche Erlös-, Kosten- und Ergebnisrechnung. Sie geht davon aus, daß es Aufgabe der betrieblichen Erlös-, Kosten- und Ergebnisrechnung ist, Informationen zu liefern, die unmittelbar und vorbehaltlos zur
Vorbereitung und zur Kontrolle von Entscheidungen verwendbar sind. Sie geht davon aus, daß hierfür eine andere Art des Ausweises der Erlöse, Kosten und Ergebnisse
gewählt werden sollte als bisher üblich. Insbesondere
sollte in allen Stufen der Rechnung die Zurechenbarkeit
der Erlöse, Kosten und Ergebnisse beachtet und davon
abgesehen werden, die Erlöse, Kosten und Ergebnisse ent-
gegen ihren Zurechenbarkeiten laufend aufzuschlüsseln
und zu verteilen.

Das System der Einzelkosten- und Deckungsbeitragsrechnung von Riebel ist nicht auf bestimmte Wirtschaftszweige
ausgerichtet, sondern hat allgemeingültigen Charakter.
Bei seiner Anwendung in einzelnen Wirtschaftszweigen und
Betrieben sind jedoch spezielle Schwierigkeiten und Probleme zu erwarten. Ihnen dürfte besonderes Interesse zukommen, weil die Einzelkosten- und Deckungsbeitragsrechnung bisher vorwiegend auf allgemeiner theoretischer
Ebene diskutiert worden ist.

Die vorliegenden Veröffentlichungen[1], die sich mit der
praktischen Anwendung der Einzelkosten- und Deckungsbeitragsrechnung beschäftigen, werden dem tragenden Grund-
gedanken dieser Rechnung nicht gerecht, nämlich der konsequenten Zurechnung der Erlöse und Kosten nach dem Konzept von Riebel: dem Identitätsprizip. Insbesondere gilt
das Hauptinteresse meist dem rechentechnischen Aufbau und
Ablauf des Systems, während die Zurechenbarkeit der Erlöse
und Kosten (und damit auch der Ergebnisse) nur am Rande
behandelt und oft oberflächlich und falsch gesehen wird.
Gerade hier aber dürften die Hauptprobleme einer praktischen Anwendung der Einzelkosten- und Deckungsbeitragsrechnung liegen.

Mit dieser Arbeit soll untersucht werden, welche Probleme
dieser strenge Zurechnungsgedanke als das entscheidende
Merkmal der Einzelkosten- und Deckungsbeitragsrechnung
bei der praktischen Anwendung dieser Rechnung aufwirft.
Als Beispiel werden die Betriebsverhältnisse einer für
die Binnenschiffahrt typischen Reederei für Massenguttransporte in der Rheinschiffahrt gewählt. (Besondere
Eigenarten des Linienverkehrs, des Stückgutverkehrs und
der Partikuliere bleiben unberücksichtigt.) Die Ergebnisse dieser Untersuchung sind aber in vieler Hinsicht
auf andere Betriebstypen und Wirtschaftszweige übertragbar, weil dort oft ähnliche Probleme bestehen.

---

1) Zu bisherigen Ansätzen, die Gedanken der Einzelkosten-
   und Deckungsbeitragsrechnung bei einzelnen Wirtschaftszweigen anzuwenden, siehe: Männel, Wolfgang: Kann die
   Vollkostenrechnung durch den Ausweis "gesonderter Fixkostenbeiträge" gerettet werden? in ZfB, 37.Jg. 1967,
   S. 782.

Die Binnenschiffahrt ist ein besonders interessanter und
schwieriger Fall für eine Anwendung der Einzelkosten- und
Deckungsbeitragsrechnung, weil bei ihr außerordentlich
weitreichende und vielfältige Verbundenheiten auf der
Kosten- und Erlösseite gegeben sind. Für die laufende
Erlös-, Kosten- und Ergebnisrechnung stellen sich hier
daher ebenso wie für die situationsbezogenen Entschei-
dungs- und Kontrollrechnungen selbst recht schwierige
Probleme.

Die bisherige Lösung dieser Probleme im Rahmen der laufenden Erlös-, Kosten- und Ergebnisrechnung muß als un-
zureichend und nicht sachgerecht angesehen werden, jedenfalls gemessen an den Zielen, die die Einzelkosten- und
Deckungsbeitragsrechnung anstrebt. So bewegen sich die
Vorschläge[1] zur Gestaltung der Kostenrechnung in der Binnenschiffahrt und die hier in der Praxis durchgeführten
Kostenrechnungen im Rahmen von Systemen, die von Riebel[2]
als "Gemeinkostenaufteilungsrechnungen" bezeichnet werden.

---

1) Siehe insb. die maßgebende Arbeit von Kirchgässer,
   Wilhelm; Eggert, Heinrich; Kubzig, Ernst; Schedel,
   Eberhard und Willers, Dietz: Kontenrahmen, Leistungs-
   und Kostenrechnung der deutschen Binnenschiffahrt,
   Duisburg 1954.

   Siehe ferner: Geile, Wilhelm: Das Selbstkostenproblem
   in der Rheinschiffahrt, in ZfhF, 22. Jg. 1928, S. 529-571;
   Edelmann, Karl: Die Kosten- und Ertragsrechnung in der
   Rheinschiffahrt unter besonderer Berücksichtigung der
   Witterungseinflüsse, Diss. Mannheim 1953; Haiber, Erich:
   Die Leistungs- und Kostenrechnung des Selbstfahrers in
   der Binnenschiffahrt, Diss. Mannheim 1955; Hoffmann,
   Adolf: Spezielle Probleme im Rechnungswesen der Binnen-
   schiffahrt unter besonderer Berücksichtigung von Ab-
   schreibung und Investition, Basel 1958.

2) Siehe Riebel, Paul: Kurzfristige unternehmerische Entscheidungen im Erzeugungsbereich auf Grundlage des
   Rechnens mit relativen Einzelkosten und Deckungsbeiträgen, in NB, 20. Jg., Dezember 1967, S. 1.

Denn in ihnen werden in erheblichem Umfang Kosten auch
dann auf Bezugsobjekte verteilt, also auf Kostenträger,
Kostenstellen und Zeitabschnitte, wenn sie diesen gar nicht
zurechenbar sind.

Ebenso bewegt sich die bisherige Behandlung der Erlöse im
Rahmen von Systemen, die als "Gemeinerlösaufteilungsrech-
nungen" bezeichnet werden müssen. Dabei sind die Fragen der
Erlösrechnung von der Literatur bisher fast völlig vernachlässigt worden[1], obwohl auch hier erhebliche Probleme und
Schwierigkeiten bestehen, wie das Beispiel der untersuchten Reederei zeigen wird. Insoweit wird also ein bisher
praktisch noch nicht behandeltes Gebiet zu bearbeiten sein.

Es ist das Ziel dieser Arbeit, zu zeigen, welche Möglichkeiten sich ergeben, wenn man versucht, die Fehler der
Gemeinerlös- und Gemeinkostenaufteilungsrechnung zu vermeiden, wenn man also zu einer Einzelkosten- und Deckungsbeitragsrechnung gelangen will. Das besondere Anliegen besteht darin, die strengen Grundsätze der Einzelerlös-,

---

1) Die Fragen der Erlösrechnung sind nach Kenntnis des
   Verfassers bisher nicht nur für den Bereich der Binnenschiffahrt, sondern von der betriebswirtschaftlichen
   Literatur überhaupt kaum behandelt worden. (Gleicher
   Meinung ist Schäfer, Erich: Die Unternehmung, 4. neu
   bearbeitete und erweiterte Auflage, Köln und Opladen
   1961, S. 262.)

   Siehe hierzu aber Riebel, Paul: Die Deckungsbeitrags-
   rechnung als Instrument der Absatzanalyse, in "Absatz-
   wirtschaft", Handbücher für Führungskräfte, hrsg. von
   B. Hessenmüller und E. Schnaufer, Baden-Baden 1964,
   S. 595-627; derselbe: Innerbetriebliche Statistik, in
   Allgemeines Statistisches Archiv, Band 49 (1965),
   H. 1, S. 47-71.

Einzelkosten- und Deckungsbeitragsrechnung möglichst kom-
promißlos auf ihre Konsequenzen hin zu untersuchen. Insbesondere soll vermieden werden, von Vereinfachungen und
Fiktionen auszugehen, die zu Fehlern bei der Zurechnung
führen.

Damit soll am Beispiel einer Reederei der Binnenschifffahrt ein Beitrag geleistet werden zu der Frage, ob und
inwieweit das strenge Zurechnungsdenken der Einzelkosten-
und Deckungsbeitragsrechnung in der Praxis in reiner Form
verwirklicht werden kann.

Es werden fast ausschließlich die Probleme von laufend
durchzuführenden Rechnungen betrachtet. Auf die in mancher
Hinsicht anders gelagerten Verhältnisse bei situationsbezogenen Sonderrechnungen wird nur am Rande eingegangen.

Die Ergebnisse der Arbeit werden teilweise überraschen.
Sie werden zeigen, daß aus der Sicht der Theorie ein erhebliches Umdenken beim Aufbau und beim Umgang mit der
laufenden Rechnung notwendig ist. Die Unterschiede zum
herkömmlichen Vorgehen sind so einschneidend, daß die
Fragwürdigkeit der herkömmlichen Rechnung sehr deutlich
werden dürfte.

Andererseits werden aus der Sicht der Praxis die Gedanken
dieser Arbeit in mancher Hinsicht übertrieben konsequent
wirken und damit ihrerseits fragwürdig erscheinen. Das
wird bewußt hingenommen, denn es geht hier darum, zunächst
eine Grundlage zu schaffen, von der aus man zu noch vertretbaren Konzepten für die praktische Durchführung gelangen kann. Wege hierzu werden angedeutet. Sie werden jedoch
nicht zu Ende gegangen, weil man sich hier nach Ansicht
des Verfassers Fragen des subjektiven Ermessens nähert,
auf die von der Theorie keine allgemeingültigen Antworten
gegeben werden können.

## B. Grundlagen der Einzelkosten- und Deckungsbeitragsrechnung

Unter dem Begriff der Deckungsbeitragsrechnung können
verschiedene Systeme der Kosten-, Erlös- und Ergebnisrechnung verstanden werden[1]. Gegenstand dieser Arbeit
ist nur die von Riebel[2] vertretene Konzeption einer sehr
strengen und konsequenten Deckungsbeitragsrechnung, die
"Einzelkosten- und Deckungsbeitragsrechnung", synonym
auch als "Rechnen mit relativen Einzelkosten und Deckungsbeiträgen" bezeichnet.

Wie diese Bezeichnung andeutet, enthält diese Rechnung
die Teile E i n z e l k o s t e n r e c h n u n g (als
besondere Form der Kostenrechnung) und D e c k u n g s -
b e i t r a g s r e c h n u n g (als besondere Form der
Ergebnisrechnung). Diese Rechnung verlangt aber zugleich

---

1) Siehe Layer, Manfred: Möglichkeiten und Grenzen der
   Anwendbarkeit der Deckungsbeitragsrechnung im Rechnungswesen der Unternehmung, Berlin 1967, S. 21-37.
2) Siehe Riebel, Paul: Gestaltung der Kostenrechnung für
   Zwecke der Betriebskontrolle und Betriebsdisposition,
   in ZfB, 26. Jg. 1956, S. 278-289; ders.: Das Rechnen
   mit Einzelkosten und Deckungsbeiträgen, in ZfhF N.F.,
   11. Jg. 1959, S. 213-238; ders.: Das Rechnen mit relativen Einzelkosten und Deckungsbeiträgen als Grundlage unternehmerischer Entscheidungen im Fertigungsbereich, in NB, 14. Jg. 1961, S. 145-154; ders.: Die
   Deckungsbeitragsrechnung als Instrument der Absatzanalyse, a.a.O.; ders.: Aufsatzreihe über Einzelkosten-
   und Deckungsbeitragsrechnung in ZB, 10. Jg. 1964, H. 1
   bis 6; ders.: Die Preiskalkulation auf Grundlage von
   "Selbstkosten" oder von relativen Einzelkosten und
   Deckungsbeiträgen, in ZfbF, 16. Jg. 1964, S. 549-612;
   ders.: Kurzfristige unternehmerische Entscheidungen...,
   a.a.O.; ders.: Deckungsbeitragsrechnung, in Handwörterbuch des Rechnungswesens, hrsg. von Erich Kosiol,
   Stuttgart 1970, Sp. 383-400.

eine besondere Form der Erlösrechnung, die E i n z e l -
e r l ö s r e c h n u n g [1], die bisher viel weniger als
die Kosten- und Ergebnisrechnung behandelt worden ist. Die
besonderen Eigenarten der Ertragssphäre der untersuchten
Reederei machen bei konsequenter Anwendung der Grundgedan-
ken von Riebel eine besondere Einzelerlösrechnung unbedingt erforderlich. Das hier betrachtete Rechnungssystem
kann deshalb vollständiger auch als "Rechnen mit Einzelkosten, Einzelerlösen und Deckungsbeiträgen" bezeichnet
werden[2]

Als Erfolgs- oder Ergebnisrechnung werden im System des
Rechnens mit relativen Einzelerlösen und Einzelkosten
D e c k u n g s b e i t r a g s r e c h n u n g e n
durchgeführt. In ihnen werden die Informationen der Einzelerlösrechnung und der Einzelkostenrechnung einander
gegenübergestellt. Dabei wird als D e c k u n g s b e i -
t r a g "die Differenz zwischen den eindeutig zurechenbaren Erlösen einer Leistung, eines Leistungsbereiches
oder allgemeiner eines Untersuchungs- oder Entscheidungs-
objektes und den diesem Objekt eindeutig und zwingend zu-

---

1) Riebel, Paul: Die Deckungsbeitragsrechnung als Instru-
   ment der Absatzanalyse, a.a.O., S. 603-605; ders.:
   Grundlagen des Rechnens mit relativen Einzelkosten und
   Deckungsbeiträgen (II), in ZB 10. Jg. 1964, S. 54
   ders.: Innerbetriebliche Statistik, a.a.O.; ders.:
   Kurzfristige unternehmerische Entscheidungen ...,
   a.a.O., S. 9; ders.: Deckungsbeitragsrechnung, a.a.O.,
   Sp. 393 ff.

2) Die von Riebel für sein System der Deckungsbeitragsrechnung verwendete Bezeichnung "Einzelkosten- und
   Deckungsbeitragsrechnung" enthält den Zusatz "Einzelkostenrechnung" zur Abhebung von ähnlichen Systemen,
   die auf der Trennung von fixen und proportionalen
   Kosten beruhen. Ungenannt impliziert sie jedoch die
   Einzelerlösrechnung.

rechenbaren Kosten" bezeichnet[1]. Deckungsbeiträge können
also nur für jene Untersuchungsobjekte gebildet werden,
denen Erlöse zurechenbar sind. Da in den Deckungsbeiträgen
nur die den betreffenden Objekten eindeutig zurechenbaren
Kosten berücksichtigt sind, unterscheiden sich die Dek-
kungsbeiträge von den im Rahmen der Gemeinkostenaufteilungsrechnungen erstellten Netto-"Gewinnen", bei denen
auch zugeschlüsselte Kosten berücksichtigt sind. Der Dek-
kungsbeitrag dient vielmehr als "sehr eindeutig definier-
te(r) Bruttogewinn" ... zur "Deckung der dem jeweiligen
Untersuchungs- und Entscheidungsobjekt nicht eindeutig zurechenbaren Kosten  u n d  des Gewinnes"[2]. "Im Grunde genommen handelt es sich bei den einzelnen Deckungsbeitrags-
rechnungen jeweils um objektbezogene, periodenbezogene
oder überperiodische (fortlaufende) Ausschnitte aus einer
sachlichen und zeitlichen Totalrechnung des Unternehmens,
wobei im Rahmen retrograder mehrstufiger Rechnungen die
Erlöse, Kosten und Deckungsbeiträge der einzelnen Leistungen, Leistungsbereiche, Teilmärkte und sonstigen Untersuchungsobjekte nur soweit isoliert werden, als dies eindeutig zwingend möglich ist und dem ganzheitlichen Charakter des Erfolges einer Unternehmung nicht widerspricht."[3]

Voraussetzung zur Durchführung von Deckungsbeitragsrech-
nungen sind die sachgerecht durchgeführte Einzelerlösrechnung und Einzelkostenrechnung. Wenn beide nur der Erstellung von Deckungsbeiträgen dienen würden, brauchte man
in der Einzelkostenrechnung nur die Bezugsobjekte heranzu-

---

1) Riebel, Paul: Kurzfristige unternehmerische Entscheidungen ..., a.a.O., S. 8 f.
2) Ebenda, S. 9
3) Ebenda

ziehen, denen Erlöse (in der Einzelerlösrechnung) zurechenbar sind. Da aber die Einzelkostenrechnung (wie die
Einzelerlösrechnung) auch für sich allein selbständigen
Erkenntniswert hat[1], ist es notwendig, die Einzelkostenrechnung für möglichst alle Auswertungsmöglichkeiten offen
zu halten und wie in der Einzelerlösrechnung auch in der
Einzelkostenrechnung alle Möglichkeiten zu prüfen, wo Kosten auf Untersuchungs- oder Entscheidungsobjekte "eindeutig und zwingend" (als Einzelkosten) zurechenbar sind.
Welche der an sich gegebenen Zurechnungsmöglichkeiten auch
tatsächlich laufend durchgeführt werden, ist dann eine
Frage des Informationsbedürfnisses und der Wirtschaftlichkeit und kann nicht generell vom System her entschieden werden.

Als Bezugsobjekte für Kosten und Erlöse kommen somit prinzipiell alle Untersuchungs- und Entscheidungsobjekte in
Betracht, also außer "Kostenstellen und Erzeugniseinhei-
ten beispielsweise Fertigungsaufträge, Kundenaufträge, Er-
zeugnistypen, Erzeugnis- oder Auftragsgruppen, Auftrags-
positionen, Kundenbesuche, Kunden und Kundengruppen, Ver-
kaufsbezirke und Absatzwege, letztlich also alle Teilbe-
reiche und Vorgänge"[2]. Daneben sind aber auch Zeitabschnitte als Bezugsobjekte von Bedeutung, denn "soweit
ein Kalkulationsobjekt nicht aus der Natur der Sache heraus mengenmäßig und zeitlich eindeutig bestimmt ist, wie
ein Auftrag, muß es jeweils durch die Länge des Planungs-

---

1) Beispielsweise für Kostenkontrolle, Wahl zwischen verschiedenen Fertigungsverfahren, Kostenplanung. (Siehe
   Riebel, Paul: Gestaltung der Kostenrechnung für Zwecke
   der Betriebskontrolle und Betriebsdisposition, a.a.O.)

2) Riebel, Paul: Grundlagen des Rechnens mit Einzelkosten
   und Deckungsbeiträgen (I), in ZB, 10. Jg. 1964, H. 2,
   S. 29.

oder Abrechnungszeitraumes zusätzlich gekennzeichnet werden; deshalb ist stets zugleich auch die Frage der Zurechenbarkeit der Kosten und Erlöse auf kürzere oder längere
Zeitabschnitte (z.B. Monat, Quartal, Jahr) zu prüfen."[1]

Zentraler Gedanke der Konzeption von Riebel ist die Unterscheidung zwischen Einzel- und Gemeinkosten einerseits und
Einzel- und Gemeinerlösen andererseits. Diese Unterscheidung ist  r e l a t i v , "weil grundsätzlich jedes Entscheidungsobjekt auch Kalkulationsobjekt sein kann." Sie
ist jedoch nicht überflüssig, "denn die Einzelkosten und
-erlöse eines Untersuchungsobjektes können in bezug auf
andere Untersuchungsobjekte Gemeinkosten und Gemeinerlöse
sein."[2]

"Alle Kosten und Erlöse einer Unternehmung lassen sich
eindeutig und zwingend als (relative) Einzelkosten und
-erlöse erfassen und zurechnen, wenn man nur die jeweils
richtigen Bezugsgrößen (Kalkulationsobjekte) dafür aus-
wählt."[3] In günstigen Fällen kann das Bezugsobjekt z.B.
eine einzelne Marktleistung sein, in besonders ungünstigen
Fällen dagegen die "Unternehmung als Ganzes" (vielleicht
auch nur für einen noch nicht bekannten Zeitraum, für eine
"offene Periode"[4]).

Bei der Frage, wann Kosten und Erlöse einem Bezugsobjekt
"eindeutig und zwingend" zurechenbar sind (und also Einzelkosten bzw. -erlöse und nicht Gemeinkosten bzw. -erlöse

1) Riebel, Paul: Kurzfristige unternehmerische Entscheidungen ..., a.a.O., S. 10.
2) Ebenda, S. 10.
3) Ebenda, S. 10.
4) Ebenda, S. 11.

dieses Bezugsobjektes sind), geht Riebel[1] davon aus, daß
"alle Ausgaben und alle Einnahmen, alle Kosten und alle
Leistungen, alle Vorgänge, Beziehungen und Bestände, die
Untersuchungsobjekt des Rechnungswesens sein können," ihre
"Entstehung letztlich irgendwelchen Entscheidungen" ver-
danken. Daher sind "Einnahmen und Ausgaben, Erlöse, Leistungen und Kosten" nur soweit (und immer dann[2]) "einander eindeutig und zwingend gegenüberstellbar ('zurechenbar'), als sie auf dieselbe Entscheidung zurückzuführen
sind[3]. Entsprechend sind sie einem Untersuchungsobjekt
nur dann (und immer dann[2]) eindeutig und zwingend zurechenbar, wenn die Existenz dieses Untersuchungsobjektes
durch dieselbe Disposition ausgelöst worden ist wie eben
diese zuzurechnenden Einnahmen, Ausgaben, Kosten und Erlöse ('Zurechnung nach dem I d e n t i t ä t s p r i n -
z i p ')." Die Bedeutung dieses für das Rechnungssystem
von Riebel grundlegenden Zurechnungsprinzips wird im Laufe
der Arbeit deutlich hervortreten.

E i n z e l k o s t e n  eines Untersuchungsobjektes liegen also nur dann (und immer dann) vor, wenn "der Werteverzehr auf dieselbe Disposition zurückgeführt werden kann
wie die Existenz des jeweiligen Kalkulationsobjektes. Zu

---

1) Riebel, Paul: Kurzfristige unternehmerische Entscheidungen ..., a.a.O., S. 9.
2) Die Ergänzung "immer dann" auf Rücksprache mit Riebel,
   weil es sich hier um eine hinreichende und nicht nur
   um eine notwendige Voraussetzung der Zurechenbarkeit
   handelt.
3) Siehe hierzu auch die weitergehenden Ausführungen des
   jüngsten Aufsatzes von Riebel, Paul: Deckungsbeitragsrechnung, a.a.O., und zwar insbesondere: "Die Gegenüberstellung von Leistungen (Erlösen) und Kosten ist...
   nur soweit eindeutig möglich  als darin diejenigen Lei-
   stungs- und Kostengüter abgebildet werden, deren Entstehen und Vergehen auf denselben Kausalprozeß oder
   dieselbe Entscheidung, die diesen ausgelöst hat, zurückgeführt werden können." (Sp. 384)

den G e m e i n k o s t e n eines Kalkulationsobjektes
gehört dagegen jeder Werteverzehr, der auf Dispositionen
zurückgeht, die auch noch andere als das jeweils betrachtete Kalkulationsobjekt betreffen." Entsprechend wird zwischen E i n z e l e r l ö s e n und G e m e i n e r l ö -
s e n unterschieden[1].

## C. Charakteristik der betrachteten Reederei und Eigen-
arten der Binnenschiffahrt

Die Reederei, von deren betrieblichen Gegebenheiten die
folgenden Überlegungen zu den Problemen der Zurechenbarkeit von Erlösen, Kosten und Ergebnissen bei Anwendung
der Einzelkosten- und Deckungsbeitragsrechnung in der Binnenschiffahrt ausgehen, beschäftigt sich mit Massenguttransporten und Schleppleistungen im Rheinstromgebiet. Die
Nachfrage nach diesen Transportleistungen ist außerordentlich unpaarig, die Transporte sind überwiegend stromauf-
wärts gerichtet. Für alle Transporte sind gesetzlich festgelegte Tarife vorgeschrieben[2]. Der Umschlag von Massengütern und ihre Lagerung zu Lande gehören nicht zu den
Aufgaben der Reederei[3].

---

1) Riebel, Paul: Kurzfristige unternehmerische Entscheidungen ..., a.a.O., S. 9 (zur Ergänzung "immer dann"
siehe S. 11 Fußnote 2 dieser Arbeit); ders.: Deckungsbeitragsrechnung, a.a.O., Sp. 385.

2) Näheres zu den Erlösen siehe S. 20 ff.

3) Die Fahrzeuge der Reederei sind jedoch am Umschlag be-
teiligt; die raumstellenden Fahrzeuge liegen vor Beginn
des Umschlages und während desselben an der Umschlag-
stelle, wobei das Personal der Fahrzeuge verschiedene
Aufgaben zu erledigen hat (z.B. Auf- und Abdecken der
Laderäume).

Einige Fahrzeuge der Reederei sind mit besonderen Ein-
richtungen versehen, die den Umschlag beschleunigen und/
oder die Güter beim Umschlag schonen.

Die Reederei kann ihre Marktleistungen nur erbringen, wenn
entsprechende Kundenaufträge vorliegen; andernfalls sind
nur reine interne Leistungen möglich, wie z.B. die Anfahrt
eines leeren Fahrzeuges zu einer Liegestelle. Die M a s -
s e n g u t t r a n s p o r t e  werden im Rahmen von Speditionsaufträgen[1] und von Frachtführungsaufträgen[2] erbracht, die oft recht langfristig sind. Einige Speditions-
aufträge haben eine Laufzeit von mehreren Jahren. Bei allen
zu erbringenden Massenguttransporten steht es der Reederei

---

1) Durch  S p e d i t i o n s a u f t r ä g e  wird die
   Reederei von den Versendern der Massengüter beauftragt,
   für deren Versendung in eigenem Namen für Rechnung der
   Versender zu sorgen. Dabei ist "Versendung" die Beförderung von Ort zu Ort, Zu- und Abtransport z.B. sind
   Hilfsleistungen (siehe Handelsgesetzbuch mit Nebengesetzen ohne Seerecht, begründet von A. Baumbach, fortgeführt von K. Duden; in der Reihe: Beck'sche Kurzkommentare Bd. 9, 17. neubearbeitete Auflage, München und
   Berlin 1966, § 407 Anm. 1 B).

   Mit der Annahme eines Speditionsauftrages wird die
   Reederei zum Spediteur und übernimmt zunächst die Besorgung der Güterversendung, nicht ihre Ausführung.
   Zur Besorgung der Güterversendung gehört eine Reihe von
   Leistungen, die der Güterversendung vorhergehen (diese
   vorbereiten, sichern, erleichtern) oder ihr nachfolgen
   (z.B. Sorge für rechtzeitige Ankunft des Konnossements
   oder Nachmännerhaftung). (Siehe Kommentar zum HGB, früher herausgegeben von Mitgliedern des Reichsgerichts,
   5. Band bearbeitet von Karl Ratz, 2. Aufl. Berlin 1960,
   § 407 Anm. 6 u. 7.)

   Als Spediteur hat die Reederei jedoch das Recht, durch
   "Selbstkontrahierung" in die Rolle des Frachtführers
   einzutreten (sogenannter "Selbsteintritt" des Spediteurs, siehe Handelsgesetzbuch ..., a.a.O., § 412).

2) Durch  F r a c h t f ü h r u n g s a u f t r ä g e  wird
   die Reederei von den Absendern (das sind die, die den
   Frachtvertrag in eigenem Namen abschließen, also nicht
   die Versender, sondern zumeist die Spediteure) mit der
   Ausführung von Massenguttransporten beauftragt. (Siehe
   Handelsgesetzbuch ..., a.a.O., § 425, insb. Anm. 2 A.)
   Dabei heißt eine Beförderung ausführen, "sie selbst ausführen, wenn auch mit Gehilfen (auch Unterfrachtfüh-
   rern ...)".

   (Siehe ebenda, § 425 Anm. 1 D).

- 14 -

frei, die Ausführung der jeweiligen Transportleistungen
selbst zu übernehmen oder sie an Dritte zu übertragen. Sie
ist aber als Binnenschiffahrtsspediteur gesetzlich verpflichtet, bei Speditionsaufträgen rd. 30 % der Raum-Mengen
und rd. 20 % der Schlepp-Mengen nach eigener Wahl zur Ausführung an den "Schifferbetriebsverband"[1] zu übertragen.
Die Reederei macht jedoch darüber hinaus in erheblichem
Umfang von Fremdleistungen Gebrauch, so daß insgesamt etwa
die Hälfte[2] aller Massenguttransporte fremderstellt wird.
Mitunter werden auch nur Teilfunktionen zur Ausführung an
Dritte übertragen, z.B. wenn ein eigener Kahn von fremden
Fahrzeugen geschleppt wird. Selbst in Zeiten, in denen die
Beschäftigung der Rheinschiffahrt gut ist, können Dritte
zur Ausführung von Leistungen meist relativ kurzfristig
verpflichtet werden.

Mit fremden Frachtführern werden keine langfristigen Be-
schäftigungsverträge abgeschlossen, und Auftragsschwankun-
gen können meist durch Variation der Fremdleistungen "auf-
gefangen" werden, so daß die eigenen Fahrzeuge der Reederei
wegen Mangel an Aufträgen praktisch keine Nutzungsausfälle
haben. Zudem besteht die Möglichkeit, bevorzugt solche
Massenguttransporte fremderstellen zu lassen, bei denen
eine Selbsterstellung weniger günstig ist.

1) Schifferbetriebsverbände sind Vereinigungen zur Siche-
rung der Interessen der Partikuliere.
(Siehe BinnSchVerkG v. 1. Oktober 1953, §§ 11 - 20.)
2) Gemessen an den erzielten Erlösen. Gemessen an den
Mengen wäre der fremderstellte Anteil höher, da man
meist solche Transporte fremderstellen läßt, deren
Erlöse (bezogen auf die Transportmengen) relativ gering sind.

Die S c h l e p p l e i s t u n g e n werden, sofern sie
nicht Teilleistungen von Massenguttransporten der Reederei
sind, sondern als selbständige Leistungen das Schleppen
fremder Fahrzeuge zum Inhalt haben, im Rahmen von Aufträgen[1]) erbracht, die unterwegs von den Fahrzeugführern
angenommen werden und meist nur eine bestimmte Schleppleistung betreffen. Solche Schleppaufträge werden stets
von der Reederei selbst ausgeführt.

Die Reederei verfügt außer über ihre Verwaltung zu Lande
über eigene Selbstfahrer, eigene Kähne und eigene Strek-
kenschlepper, ferner über eigene Hafen- und Arbeitsboote
und über eine Betriebswerkstatt (zu Lande). Die Selbstfahrer sind zur Aufnahme von flüssigen oder von festen
Gütern spezialisiert, die Kähne sind nur zum Transport
von festen Massengütern geeignet. Aufgrund ihrer technischen Eigenarten sind die Fahrzeuge für verschiedene
Transport- bzw. Schleppmengen unterschiedlich geeignet.
Für ihre Eignung spielt aber auch der jeweilige Standort
der Fahrzeuge eine Rolle, weil Leerfahrten von Selbstfahrern und Kähnen und Fahrten von Schleppern ohne Anhang
möglichst vermieden werden sollen. Vor allem wegen der
Unpaarigkeit der Transportnachfrage sind aber insbesondere auf der Talfahrt Leerfahrten oder Fahrten mit geringer Auslastung der nutzbaren Kapazität meist nicht zu vermeiden.

Die nutzbare Kapazität der Fahrzeuge ist oft geringer als
die Kapazität der Fahrzeuge an sich, weil beim Einsatz
der Fahrzeuge außer dem Leistungsprogramm auch Naturbe-

---

1) Der S c h l e p p a u f t r a g ist i. d. R. weder
   Speditionsauftrag noch Frachtführungsauftrag, sondern
   ein Werkvertrag im Sinne des BGB. (Vgl. Handelsgesetzbuch ..., a.a.O., § 425 Anm. 1 C)

dingungen, Witterungseinflüsse und verschiedene betriebliche Gegebenheiten eine Rolle spielen. So kann die  E i c h-
k a p a z i t ä t  der Kähne und Selbstfahrer bei ihrer
Beladung oft nicht ausgenutzt werden, wenn auf der betreffenden Relation die Fahrwassertiefe einen entsprechenden
Tiefgang der Fahrzeuge nicht erlaubt. Dabei ist die Fahrwassertiefe wesentlich von den schwankenden Wasserständen
abhängig[1] [2].

Auch die Kapazität der  S c h l e p p k r a f t  von
Selbstfahrern und Schleppern kann während der Fahrt oft
nicht ausgenutzt werden, da aus Sicherheitsgründen bei
gegebener Beladung und/oder gegebenem Anhang eine beliebig
hohe Fahrgeschwindigkeit nicht möglich ist, und da bei be-
grenzter zulässiger Fahrgeschwindigkeit der geschleppte
Anhang nicht beliebig erhöht werden kann. So sind die Antriebsaggregate auf der Talfahrt praktisch nie ausgenutzt.
Umgekehrt erweist sich bei der Bergfahrt die Schleppkraft
oft als zu gering, so daß der Anhang vermindert werden
oder Vorspannhilfe anderer Fahrzeuge in Anspruch genommen
werden muß.

---

1) Bei der Beladung eines Fahrzeuges wird deshalb auf den
   Wasserstand Rücksicht genommen, der auf der betreffenden Relation beim Passieren der Engstelle mit der ge-
   ringsten Wassertiefe voraussichtlich herrschen wird.
   Dabei wird meist recht vorsichtig disponiert, um Nachteile der Überladung (Leichtern, Wartezeiten) zu vermeiden.

   Aus den genannten Gründen ist die Eichkapazität von
   großen Fahrzeugen (z.B. von 2400 t-Kähnen) oft bei der
   Hälfte aller Beladungen eines Jahres weniger als 50 %
   ausgenutzt.

2) Zu Einzelheiten über den Einfluß der Wasserstands-
   schwankungen siehe: Edelmann, Karl, a.a.O., S. 4-11.
   Je größer (kleiner) ein Fahrzeug, um so mehr (weniger)
   ist die Ausnutzbarkeit seiner Eichkapazität von der
   Fahrwassertiefe abhängig (z.B. sinkt die Ladefähigkeit
   selbst eines 1000 t-Kahnes beim Passieren des Binger
   Loches bei einem Kauber Pegel von 0,60 m auf 39,5 % der
   Eichkapazität).

Dabei ist zu beachten, daß die Strömungsgeschwindigkeit
des Wassers auf den einzelnen Streckenabschnitten verschieden groß[1] und zudem auch vom Wasserstand abhängig
ist. (Die Fahrkilometer auf verschiedenen Streckenabschnitten sind deshalb nicht "gleichwertig"[2].) Es wird
daher in erheblichem Umfang von der Möglichkeit Gebrauch
gemacht, zwischen unterschiedlichen Streckenabschnitten
den Anhang von Streckenschleppern und Selbstfahrern zu
variieren oder die Schleppkraft mehrerer Fahrzeuge zu kop-
peln oder zu trennen. Solche Umstellungen sind jedoch oft
mit erheblichen Wartezeiten verbunden und deshalb nicht
immer angebracht.

Auch die  z e i t l i c h e  Nutzung[3] [4] der Kapazität

---

1) Als Folge der verschiedenen Strömungsgeschwindigkeiten
   nennt Kachelhofer folgende theoretischen Schleppmög-
   lichkeiten eines Schleppers auf einzelnen Streckenabschnitten:
   | | |
   |---|---|
   | rheinaufwärts bis Ruhrort | 8 Tonnen pro PS |
   | Ruhrort - Mannheim | 4 Tonnen pro PS |
   | Mannheim - Straßburg | 2 Tonnen pro PS |
   | Straßburg - Basel | 1 Tonne  pro PS |
   (Kachelhofer, Frederick Charles: Betriebskostenvergleich in der Rheinschiffahrt, Schleppbetrieb-Motor-
   boot, Diss. Bern 1949, S. 31.)

2) Zu dem Versuch, Leistungen von verschiedenen Streckenabschnitten auf "äquivalente Nutzleistungen" umzurech-
   nen, siehe: Kirchgässer u. a., a.a.O., S. 68-71 u. 83.

3) Zu der in der Binnenschiffahrt üblichen Zeitstatistik
   siehe: Kirchgässer u. a., a.a.O., S. 57 ff.

4) Für die Betriebsverhältnisse der untersuchten Reederei
   ist folgende Zeitenaufteilung charakteristisch:

| | | Selbst-fahrer | Kähne | Strecken-schlepper |
|---|---|---|---|---|
| 1 | Ausfallzeit durch Ruhe des Personals | 45 % | 50 % | 47 % |
| 2 | Fahrzeit | 27 % | 17 % | 42 % |
| 3 | Umschlagzeit | 8 % | 9 % | - |
| 4 | Halte-, Ausfall- und Fehlzeiten | 20 % | 24 % | 11 % |
| 5 | Kalenderzeit | 100 % | 100 % | 100 % |

der Fahrzeuge ist von Eigenarten der Wasserstraßen, von
Witterungseinflüssen und betrieblichen Gegebenheiten abhängig. So ruht z.B. bei extremen Wasserständen oder bei
sehr dichtem Nebel die Rheinschiffahrt. Auch können bei
Kleinwasser an Stellen mit verengter Fahrrinne und dichtem
Verkehr erhebliche Wartezeiten auftreten. Ferner ergeben
sich Warte- bzw. Ausfallzeiten beim Umschlag, an Schleusen,
beim Aufnehmen und Abwerfen von Anhang und bei Reparaturen.
Darüber hinaus wirken sich auch die tariflichen Vorschriften über die zulässige Arbeitszeit des Personals auf die
Einsatzzeiten der Fahrzeuge aus.

Die Marktleistungen der Reederei müssen als recht heterro-
gen angesehen werden, sie können nicht einfach durch "tkm"
(Tonnenkilometer) charakterisiert werden. Hierfür sind vor
allem folgende Aspekte maßgebend: Die Marktleistungen werden in einer Vielzahl von Relationen unter ganz unterschiedlichen Bedingungen erbracht (die zudem durch Witterungseinflüsse häufig wechseln), sie betreffen eine Vielzahl von Güterarten und verschiedenartigen Schleppleistungen. Auch macht es einen Unterschied, ob zweimal die Menge
x/2 oder einmal die Menge x befördert wird. Bei unterwegs
und insbesondere beim Umschlag auftretenden Halte- und Wartezeiten treten erhebliche Schwankungen auf. Die Wert-
schöpfung der Reederei bei den einzelnen Marktleistungen
ist unterschiedlich, je nachdem, ob die einzelnen Transportleistungen selbst- oder fremderstellt[1] werden.

---

1) Auch fremderstellte Marktleistungen sind zu den Leistungen der Reederei zu rechnen, da die mit den Fremdleistungen von der Reederei beauftragten Dritten nicht
   Vertragspartner des jeweiligen Auftraggebers der Reederei werden. So liegt nach Annahme eines Transportauf-
   trages durch die Reederei ihr Leistungsprogramm insoweit fest, sie kann dann nur noch über die Verfahren
   zur Erstellung der entsprechenden Leistungen entscheiden.

Schließlich sind bei Selbsterstellung verschiedene Verfahren der Leistungserstellung zu unterscheiden, z.B. nach der Wahl der verwendeten Fahrzeuge. So werden wiederholte Leistungen oft mit verschiedenen Fahrzeugen oder Fahrzeugkombinationen und während verschiedenartiger Einsatzzeiten (z.B. nur an Werktagen oder auch an Sonn- und Feiertagen) erstellt.

## II. Die Zurechenbarkeit der Erlöse in der Einzelerlösrechnung

Im Rahmen eines Rechnungswesens, das bei der Darstellung des Werteverzehrs (in der Einzelkostenrechnung) größten Wert darauf legt, die Zurechenbarkeit der Kosten, ihre Abhängigkeiten und ihren Ausgabencharakter möglichst wirklichkeitsgerecht und genau auszuweisen und Annahmen und Fiktionen zu vermeiden oder, soweit solche unvermeidlich erscheinen, diese erkennbar zu machen, ist es notwendig, bei der Darstellung der Werteentstehung (in der Einzelerlösrechnung[1]) in entsprechender Weise zu verfahren. Das muß um so mehr betont werden, als bisher eine gewisse Einseitigkeit herrschte, indem die theoretischen und praktischen Probleme einer "Abbildung" des Werteverzehrs durch die Kostenrechnung in den letzten Jahren gründlich untersucht worden sind, während bei der "Abbildung" der betrieblichen Werteentstehung durch die Erlösrechnung Probleme entweder nicht gesehen oder doch nicht weiter behandelt worden sind[2]. Viele Anstrengungen zur Steigerung der Aussagefähigkeit der Kostenrechnung können wesentlich entwertet werden, wenn bei der betrieblichen Ergebnisrechnung den genau interpretierbaren Kosten nur relativ frag-

---

1) Zum Begriff der Einzelerlösrechnung und ihren theoretischen Grundlagen siehe S. 6 ff.
2) Siehe hierzu S. 4.

würdige Leistungswerte[1] gegenübergestellt werden können[2]. Deshalb werden bei der Einzelerlösrechnung, die ebenso hohe Anforderungen wie die Einzelkostenrechnung stellt und deren Grundlagen jetzt dargestellt werden sollen, die Hauptprobleme bei der Zurechenbarkeit der Erlöse liegen.

## A. Die Erlösarten der Reederei

Die Erlöse der betrachteten Reederei errechnen sich nach den für alle Binnenschiffahrtsleistungen gesetzlich festgelegten Tarifen[3] [4]. Die tariflichen Regelungen sind

---

1) Der Begriff des Leistungswertes von Walther (Walther, Alfred: Einführung in die Wirtschaftslehre der Unternehmung, 1. Band: Der Betrieb, 2. Auflage, Zürich 1959, S. 25).

2) Es mag dahingestellt bleiben, ob Fragwürdigkeiten und Fehler einer Erlösrechnung bei der Gegenüberstellung von Erlösen mit Kosten (in Ergebnisrechnungen) offenkundiger und störender zutage treten, wenn hierbei die Kosten nach den Prinzipien der Einzelkostenrechnung ermittelt sind anstatt nach den Prinzipien von Gemeinkostenverteilungsrechnungen.

3) Die vorgeschriebenen Tarife erstrecken sich nicht nur auf die Verkehrsleistungen (im Gebiet der Bundesrepublik Deutschland), sondern z.B. auch auf das Vermieten von Schiffen. Sie sind veröffentlicht im Frachten- und Tarifanzeiger der Binnenschiffahrt (FTB).

Zum Zustandekommen der Tarife siehe BinnSchVerkG vom 1.8.61, § 21.

4) Die festgesetzten Tarife sind für die betroffenen Leistungen zwingend. (Siehe BinnSchVerkG vom 1.8.61, § 31; ferner Krebs, Theodor: Verkehrsrecht und Verkehrswirtschaft, Berlin, Göttingen, Heidelberg 1960, S. 114 f.)

Zur Diskussion einer Änderung des bestehenden Systems von Festtarifen in ein solches mit "Referenztarifen" (praktisch Vertragsfreiheit) siehe Lange, Alfred W.: Die öffentlich-rechtlichen Gebühren und die privatrechtlichen Entgelte im Binnenschiffsverkehr, in: Problemkreis Binnenhafen, Schriftenreihe der Deutschen Verkehrswissenschaftlichen Gesellschaft e.V., Reihe B, Köln 1966, S. 240.

sehr kompliziert, sie enthalten eine Fülle von Einzelvor-
schriften. Die wesentlichen Probleme der Zurechenbarkeit
der Erlöse können jedoch bereits an den besonders wichtigen Erlöselementen der betrachteten Reederei gezeigt werden, so daß hier unbedeutende Einzelheiten und Sonder-
regelungen außer acht bleiben können.

In der Binnenschiffahrt ist es üblich, unter Erlösarten
die Erlöse der einzelnen Betriebsteile (beispielsweise
"Erlöse aus Kahnbetrieb") und die Erlöse bestimmter Leistungsarten (beispielsweise "Erlöse aus Ammoniaktranspor-
ten") zu verstehen. Erlösarten in diesem Sinne implizie-
ren aber bereits eine bestimmte Zurechnung der erzielten
Erlöse auf Betriebsteile und Leistungen, auch wenn diese
Zurechnung auf den ersten Blick vielleicht als selbstverständlich erscheinen mag. Da in dieser Arbeit aber die Zurechenbarkeit der Erlöse gerade erst untersucht werden
soll, kommen solche Erlösarten als Ausgangspunkt der Betrachtung hier nicht in Frage. Solche Erlösarten haben
bereits abgeleiteten Charakter. Auf der Kostenseite haben
sie ihre Parallele in den abgeleiteten Kostenarten, wie
z.B. den "Kosten der Betriebswerkstatt", die bereits eine
Zusammenfassung verschiedener ursprünglicher Kostenelemen-
te darstellen.

Ausgangspunkt einer Untersuchung der Zurechenbarkeit der
Erlöse müssen die ursprünglichen Erlöselemente sein, die
noch nicht nach irgendwelchen Gesichtspunkten verdichtet
oder zerlegt sind. Als solche kommen aber nur die einzelnen Erlöskomponenten in Frage, aus denen sich die Erlöse
der Aufträge gemäß den tariflichen Vorschriften zusammensetzen. Sie werden einzeln ermittelt. Die Erlöse eines Auftrages ergeben sich immer erst als Summe dieser einzeln
ermittelten und in der Rechnung gesondert aufgeführten

Erlösbestandteile. In diesem Sinne sind folgende (origi-
näre) Erlöselemente zu unterscheiden:

1. Selbstfahrersatz, bestehend aus
   1.1 Schiffsanteilsfracht
   1.2 Schlepplohn
2. Tankfracht (ohne Unterteilung in Schiffsanteilsfracht
   und Schlepplohn)
3. Bergschlepplohn
4. Talschlepplohn
5. Vorspannlohn
6. Kleinwasserzuschlag
7. Pauschale für Kleinwasserzuschlag
8. Bugsierlohn
9. Pauschale für Bugsieren, Transport- und Leichterrisiko
10. Partiezuschlag
11. Frachtzuschlag
12. Liegegeld
13. Organisationsgebühr
14. Kanalabgaben (soweit vom Versender getragen)

Die Frachten sind grundsätzlich nicht auf den Kilometer
bezogen, wie das bei anderen Verkehrsträgern (z.B. bei der
Bahn) üblich ist. Wegen der unterschiedlichen Bedingungen[1]
der Streckenabschnitte im Rheinstromgebiet sind die Frachten vielmehr für jede Relation einzeln festgelegt (wobei
allerdings einigen größenmäßig weniger bedeutenden Erlösarten unabhängig von der befahrenen Relation feste Sätze
pro beförderter Tonne zugrunde liegen).

Als Haupterlös ist für Transporte fester Güter der Selbstfahrersatz vorgesehen, für Tanktransporte die Tankfracht
und für Streckenschleppleistungen der Talschlepplohn bzw.
Bergschlepplohn. Die übrigen Erlöselemente können in verschiedenen Fällen zusätzlich zur Anwendung kommen. Im ein-

[1] Siehe S. 15 ff.

zelnen seien zu den Erlöselementen folgende Hinweise
gegeben:

Zu 1 und 2:

Der Selbstfahrersatz (bestehend aus Schiffsanteilsfracht
und Schlepplohn) und die Tankfracht sind nach Güterarten
differenziert und auf jeweils eine beförderte Tonne bezogen. Der Erlös für den Transport einer bestimmten Gütermenge ergibt sich durch Multiplikation des für die Relation vom Verlade- zum Löschhafen geltenden Tonnen-Satzes
mit der Anzahl der beförderten Tonnen. Dabei ist jedoch
zu beachten, daß die Frachtsätze für Tanktransporte vor-
aussetzen, daß mindestens 650 t abgeladen werden oder bei
kleineren Fahrzeugen mit voller Ausnutzung der Ladefähigkeit gefahren wird. Wenn ein Verlader ein größeres Schiff
mit weniger als 650 t belädt oder bei einem kleineren
Fahrzeug die effektive Ladefähigkeit nicht ausnutzt, obwohl nach dem Wasserstand voll abgeladen werden könnte,
so ist der Frachtsatz für 650 t bzw. bei kleineren Fahrzeugen die effektive Ladefähigkeit zu bezahlen[1]. Bei
Transporten fester Güter werden für besonders kleine Transportmengen Partiezuschläge erzielt (siehe Ziffer 10).

Zu 3 bis 5:

Bei reinen Schleppleistungen gilt, sofern nicht der
Schlepplohn aus dem Selbstfahrersatz eines bestimmten
Gütertarifs zum Zuge kommt (wie z.B. bei Braunkohlen-
transporten), folgende Regelung: Der Bergschlepplohn ist
einzeln für die Relationen festgelegt und auf die zu

---

1) Siehe FTB Nr. 49/69, Anmerkungen zur Errechnung der
   Tankfrachten der Gruppe E 431, Stand v. 5.12.1969,
   Ziffer 7.

schleppende Tonne Ladung bezogen. Dabei haben jedoch nicht
auf Wasserstand abgeladene Kähne für 2/3 der Tragfähig-
keitstonnen zu zahlen und Leerschiffe für 50 % der Eiche,
mindestens aber für 200 t[1]. Der Talschlepplohn geht von
einheitlichen Grundtarifen für jede einzelne Kahngrößen-
klasse aus, von denen in den einzelnen Relationen bestimmte Prozentsätze zu zahlen sind; dabei wird für beladene
Kähne ein fester Zuschlag pro geladene Tonne erhoben[2].

Der Vorspannlohn besteht in bestimmten Sätzen für die einzelnen Relationen und ist nach der Stärke der schleppenden
Fahrzeuge differenziert[3].

Zu 6 und 7:

Bei Kleinwasser gelten besondere Regelungen, die zu einer
Erhöhung der Fracht führen:

Bei Transporten fester Güter werden Kleinwasserzuschläge
erhoben, und zwar prozentual von der normalen Schiffsanteilsfracht und dem normalen Schlepplohn. Sie sind nach
dem Ausmaß des Kleinwassers gestaffelt und können bis zu
80 % der Normalfracht ausmachen. Dabei ist für die Frage,
ob Kleinwasser herrscht und wenn ja, in welchem Ausmaß,
der zuständige Pegelstand (z.B. Pegel Kaub) am Tag der
Fertigstellung im Ladehafen maßgebend.

Bei den Transporten einiger fester Güterarten (z.B. Braun-

---

1) Siehe FTB Nr. 8 vom 22.2.64, A 231/12.
2) Siehe FTB Nr. 49 vom 5.12.64, A 240/9.
3) Siehe FTB Nr. 8 vom 22.2.64, A 201/4.

kohle, Steinkohle[1] erhält die Reederei jedoch als Spediteur anstatt der einzeln für jeden Transport zu ermitteln-
den Kleinwasserzuschläge unabhängig vom Wasserstand für
jede beförderte Tonne eine konstante Kleinwasserpauschale.
Hiermit wird erreicht, daß der Versender immer mit kon-
stanten Frachtsätzen rechnen kann, während der Spediteur
nach Art einer Wagnisverrechnung das sich aus den Wasser-
standsschwankungen für ihn ergebende Risiko selbst trägt:
wählt er zur Ausführung des Transportes fremde Frachtführer, so sind an diese in jedem Fall die gesetzlichen
Kleinwasserzuschläge gemäß dem jeweiligen Wasserstand zu
zahlen, so daß im Einzelfall die vom Spediteur an den
Frachtführer zu zahlenden Kleinwasserzuschläge wesentlich
höher sein können als die von ihm selbst erlöste Kleinwasserpauschale. Im Durchschnitt der Transporte eines längeren Zeitraumes gleichen sich jedoch die erlösten Kleinwasserpauschalen mit den zu zahlenden Kleinwasserzuschlägen gewöhnlich aus. Bei Selbsteintritt des Spediteurs gilt
entsprechendes in Hinblick auf die nachteiligen Folgen der
mit den Wasserständen schwankenden Kapazitätsausnutzung
der eigenen Fahrzeuge des Spediteurs.

Bei Tanktransporten wird der im Einzelfall maßgebende Wasserstand wie bei Transporten fester Güter ermittelt, die
bei Kleinwasser erzielten Erlöse werden hier jedoch anders
errechnet: im Kleinwasserfall werden die Erlöse nicht nach
den tatsächlich beförderten Gütermengen berechnet, sondern
nach den (fiktiven) Mengen, die das befördernde Tankschiff
lt. Eichschein bis 1,85 m Tiefgang abladen könnte[2]. Sind

---

1) Diese Pauschalisierung des Kleinwasserrisikos ist z.B.
   bei Steinkohle seit 1951 und bei Braunkohle seit 1954
   üblich. (Siehe Müller, J.H.: Die Binnenschiffahrt im
   Gemeinsamen Markt, Baden-Baden 1967, S. 114.)

2) Siehe FTB 49/69, Anmerkungen zur Errechnung der Tankfrachten der Gruppe E 431, Stand vom 5.12.1969,
   Ziffer 7.

diese höher als die tatsächlich beförderten Mengen, so
ergibt sich aus der Differenzmenge ein Mehrerlös. Solche
kleinwasserbedingten Mehrerlöse sind die Kleinwasserzuschläge im Bereich der Tankfracht.

Beim Bergschlepplohn und beim Talschlepplohn werden wie
bei Transporten fester Güter prozentuale Kleinwasserzuschläge auf die Normalfracht (Berg- bzw. Talschlepplohn)
erhoben, die nach dem Ausmaß des Kleinwassers gestaffelt
sind. Dabei ist für die Feststellung des Kleinwassers der
jeweilige Pegelstand am Tage des Abschleppens im Ausgangs-
hafen bzw. bei Schlepperwechsel ab Zwischenstation maßgebend.

Zu 8 bis 14:

Diese Erlöselemente sind größenmäßig von untergeordneter
Bedeutung, doch sind auch hier einige Hinweise notwendig:

Bugsierlöhne werden einmal für Bugsierleistungen erzielt,
die die Reederei für Fahrzeuge Dritter erbringt. Zum anderen werden Bugsierlöhne erzielt, wenn bei den von der
Reederei übernommenen Gütertransporten Bugsierleistungen
an den beladenen Kähnen notwendig werden, denn diese Bugsierleistungen gehen (im Gegensatz zu den Bugsierleistungen an leeren Kähnen) zu Lasten des Versenders. Dabei kann
es sich sowohl um selbsterstellte wie um fremderstellte
Gütertransporte handeln. (Im ersten Fall handelt es sich
dann um die Erstattung eigener Auslagen für Bugsierlöhne,
im zweiten Fall um die Erstattung der Auslagen der fremden
Frachtführer.) Die Bugsierlohntarife der Häfen bestehen
überwiegend in Einzelfrachten für die verschiedenen Bug-
sierstrecken in den Häfen. Sie sind nach der Tragfähigkeit der Kähne differenziert, wobei sie entweder nach beladenen und leeren Kähnen unterschieden sind oder aber

Zuschläge für die Beladung enthalten. Mitunter sind aber
auch nach der Inanspruchnahme der Bugsierboote Stunden-
sätze zu vergüten. In einigen Häfen sind auch Kleinwasserzuschläge und/oder Hochwasserzuschläge auf den Bugsierlohn
vorgesehen.

Bei einigen Güterarten (z.B. bei Braunkohle[1]) erhält der
Spediteur pro beförderte Tonne eine feste Pauschale, mit
der einmal gegebenenfalls anfallende Bugsierlöhne abge-
deckt sind und zum anderen das Transport- und Leichterrisiko, das die Kosten infolge unsachgemäßer Behandlung
der Ware, Aufenthalten durch Hochwasser oder Schiffahrts-
sperren und die Kosten infolge von Leichterungen betrifft.

Partiezuschläge werden bei Transporten fester Güter erzielt, wenn besonders kleine Warenmengen zu befördern
sind. So werden für Braunkohlentransporte ab Wesseling
nach Oberrhein-, Main- und Neckarstationen bei Partien
von 300 bis 450 t 0,45 DM/t erzielt, bei Partien von über
450 bis 600 t 0,35 DM/t[2].

Frachtzuschläge und Liegegelder sind Entgelte für Liegezeiten der Fahrzeuge im Zusammenhang mit dem Güterumschlag.
Bei Transporten fester Güter werden bei Überschreiten der
halben gesetzlichen Liegezeit für jeden Tag Frachtzuschläge erzielt (feste Sätze pro geladene Tonne), bei Überschreiten der vollen gesetzlichen Liegezeit wird dagegen
Liegegeld vergütet (Tagesätze, die nach Tragfähigkeit und
Art der Fahrzeuge gestaffelt sind). Ein entsprechend ge-
staltetes Liegegeld ist bei Tankschiffen zu entrichten,
wenn die gesetzliche Lade- und Löschzeit für Tankschiffe
überschritten wird.

---

1) Siehe FTB Nr. 51/52 vom 23.12.1965, A 412/24.
2) Siehe FTB Nr. 5 vom 30.1.1958, A 301/1.

Die Organisationsgebühr und die Kanalabgaben sind reine
durchlaufende Posten: die Organisationsgebühr wird bei
Transporten fester Güter in Höhe von 0,02 DM/t erzielt und
ist an die Transportzentralen abzuführen. Bei Tanktransporten ist der gleiche Satz abzuführen; er wird aber nicht
als gesonderter Erlös in Rechnung gestellt, sondern ist in
der Tankfracht enthalten.

Die erlösten Kanalabgaben sind die Erstattung der entsprechenden Auslagen, die anfallen, wenn die beladenen Fahrzeuge Schleusen und bestimmte kanalisierte Stromabschnitte
passieren. Auch hier kann es sich um eigene oder fremde
Fahrzeuge handeln.

Die in den Tarifen festgelegten Erlöse sind bei den wichtigsten der genannten Erlöselemente noch einmal aufgegliedert in einen Anteil Spediteursprovision und in das für den
Frachtführer bzw. Schleppunternehmer bestimmte Entgelt.
Dabei ist die Spediteursprovision stets als bestimmter
Prozentsatz des für die einzelnen Leistungen bzw. Teilleistungen vorgeschriebenen Entgeltes angegeben, und das
für den Frachtführer bzw. Schleppunternehmer bestimmte
Entgelt ermittelt sich nach Abzug der Spediteursprovision
als Restgröße. Die Prozentsätze für die Spediteursprovision haben bei den in Frage kommenden Erlösarten folgende
Höhe:

| | |
|---|---|
| Selbstfahrersatz: | |
|     Schiffsanteilsfracht | 5 % |
|     Schlepplohn | 3 % |
| Tankfracht | 5 % |
| Berg- und Talschlepplohn | 3 % |
| Kleinwasserzuschlag | 3 bzw. 5 % |
| Partiezuschlag | 5 % |

Die Reederei erzielt also für Leistungen, die sie als Spediteur im Rahmen von Speditionsaufträgen erbringt, immer 100 % der im Tarif angegebenen Erlöse. (Soweit sie zur Ausführung der Leistungen fremde Frachtführer bzw. Schleppunternehmer heranzieht, vergütet sie diesen die Fracht nach Abzug der bei ihr verbleibenden Spediteursprovision.) Umgekehrt erhält die Reederei für Leistungen im Rahmen von Frachtführungs- und Schleppaufträgen, bei denen ein Dritter die Funktion des Spediteurs ausübt, während die Reederei selbst nur Frachtführer bzw. Schleppunternehmer ist, nur die um die Spediteursprovision gekürzten Erlöse, weil die Provision dann vom fremden Spediteur einbehalten wird.

In Hinblick auf eine möglichst transparente Behandlung und Darstellung der von der Reederei erzielten Spediteursprovision wäre es nun möglich, die Spediteursprovision laufend als zusätzliches Erlöselement auszuweisen. Die anderen Erlöselemente müßten dann, sofern von ihnen Spediteursprovision abzuziehen ist, erst nach Vornahme des jeweiligen Abzuges dargestellt werden.

Es würde sich hierbei zeigen, daß die Spediteursprovision aufgrund ihrer proportionalen Ermittlung von den in Frage kommenden Erlöselementen so eng mit diesen verbunden ist, daß sowohl die Abhängigkeiten wie die Zurechenbarkeiten der Spediteursprovision ebenso gelagert sind wie bei den Erlöselementen, von denen sie sich ableitet. Der gesonderte Ausweis der Spediteursprovision in der Einzelerlösrechnung müßte daher, sofern diese Abhängigkeiten und Zurechenbarkeiten erhalten bleiben sollen, ebenso differenziert aufgebaut sein wie der Ausweis dieser zugrunde liegenden Erlöselemente.

Aber gerade wegen dieser automatischen Abhängigkeit der
Spediteursprovision von bestimmten Erlöselementen ist ein
gesonderter laufender Ausweis der Spediteursprovision in
der geschilderten Differenzierung überflüssig. Sofern nämlich die Erlöse aus Speditionsaufträgen getrennt ausgewiesen werden von den übrigen Erlösen, und sofern sie zugleich nach den genannten Erlöselementen aufgegliedert
sind (jedoch ohne Abspaltung der Spediteursprovision),
läßt sich die Spediteursprovision stets unmittelbar ermitteln. Denn bei Speditionsaufträgen enthalten die in
Frage kommenden Erlöselemente zwangsläufig Spediteursprovision in bestimmter Höhe.

## B. Die Zurechenbarkeit der Erlöse der Reederei

Es ist nun zu untersuchen, welche Möglichkeiten und Probleme sich ergeben, wenn die Erlöse der Reederei durch
eine Einzelerlösrechnung "abgebildet" werden sollen. Das
zentrale Problem liegt dabei in der Zurechenbarkeit der
Erlöse und wird zunächst gesondert untersucht. Anschließend wird dann auf die Konsequenzen eingegangen, die sich
aus den festgestellten Zurechenbarkeiten und den übrigen
Prinzipien der Einzelerlösrechnung (vor allem Berücksichtigung der Abhängigkeiten der Erlöse) für die Durchführung der Einzelerlösrechnung bei der Reederei ergeben.

## 1. Die bisher übliche Aufteilung der Erlöse auf Leistun-
   gen, Betriebsteile und Zeitabschnitte

Zum besseren Verständnis der bei der Einzelerlösrechnung
auftretenden Probleme seien zunächst das Vorgehen und die
Mängel der in der Binnenschiffahrt heute üblichen Erlös-

rechnung charakterisiert, die nach Riebel[1] als Gemeinerlösaufteilungsrechnung bezeichnet werden muß. Dabei soll
vom Beispiel eines Speditionsauftrages über die Beförderung von 3000 t Braunkohle von A nach B ausgegangen werden,
für den die Reederei folgende Erlöse erzielt[2]:

| | DM per t | DM insgesamt |
|---|---|---|
| 1. Selbstfahrersatz | | |
| a) Schiffsanteilsfracht | 3,50 | 10.500,-- |
| b) Schlepplohn | 2,50 | 7.500,-- |
| 2. Pauschale für Transportrisiko, Leichterrisiko und Bugsieren | 0,23 | 690,-- |
| 3. Kleinwasserpauschale | 0,30 | 900,-- |
| 4. Organisationsgebühr | 0,02 | 60,-- |
| Summe: | 6,55 | 19.650,-- |

Bei der bisher üblichen Erlösrechnung werden sämtliche Erlöse aus Speditionsaufträgen[3] zunächst dem Speditionsbetrieb gutgeschrieben, auch soweit die Ausführung mit eigenen Fahrzeugen (nach Selbsteintritt) erfolgt. Insoweit
werden also selbständige Unternehmensabteilungen gebildet,
die miteinander wie fremde Unternehmen abrechnen. Bei der
Ausführung der Aufträge werden dem Speditionsbetrieb dann
die Frachten, die im Tarif für die entsprechenden Leistun-

---

1) Siehe S. 4 u. 8.
2) Grundsätzlich können bei einem solchen Transport noch
weitere Erlösarten (z.B. Frachtzuschläge, Liegegelder
oder Kanalabgaben) erzielt werden, wovon hier jedoch
abgesehen wird.
3) Läge dem betrachteten Transport kein Speditionsauftrag,
sondern nur ein Frachtführungsauftrag zugrunde, dann
würden die erzielten Erlöse gar nicht den Speditionsbetrieb berühren, sondern würden (gekürzt um die von
einem fremden Spediteur einbehaltene Spediteursprovision) unmittelbar den ausführenden Fahrzeugen zugerechnet, wobei jedes Fahrzeug das für seine Leistung im Tarif "vorgesehene" Entgelt erhalten würde (siehe unten).

gen vorgesehen sind, als "Kosten" belastet. Die Organisationsgebühr wird an die Transportzentrale der Binnenschifffahrt abgeführt.

Soweit die Transporte von Dritten erbracht werden, stehen
den dem Speditionsbetrieb belasteten Frachtkosten in gleicher Höhe Ausgaben an Dritte gegenüber.

Soweit diese Leistungen jedoch vom eigenen Betrieb der Reederei erbracht werden, stehen den dem Speditionsbetrieb belasteten Frachtkosten keine entsprechenden Ausgaben gegenüber, den ausführenden Betriebsteilen werden vielmehr in
gleicher Höhe Erlöse (Betriebserlöse aus innerbetrieblicher
Verrechnung) gutgeschrieben. Bei Ausführung mit einem eigenen Schleppzug erhält der eigene Schlepper für seine Leistung also den im Tarif hierfür vorgesehenen Schlepplohn,
die eigenen Kähne erhalten die Schiffsanteilsfracht für die
von ihnen jeweils beförderten Mengen (beides gekürzt um die
Spediteursprovision, die ebenso wie bei Fremderstellung des
Transportes beim Speditionsbetrieb verbleibt). Bei Ausführung mit eigenen Selbstfahrern würden diese entsprechend
sowohl die Schiffsanteilsfracht wie den Schlepplohn erhalten.

Auch die Erlöspauschalen werden zunächst Erlöse des Spedi-
tionsbetriebes: Die Kleinwasserpauschale wird hier einem
besonderen Verrechnungskonto "Kleinwasserrisiko" gutgeschrieben, die Pauschale für Transport-, Leichterrisiko
und Bugsieren einem entsprechenden Verrechnungskonto. Diesen Konten werden Kosten für die Leistungen angelastet,
für die die einzelnen Pauschalen vorgesehen sind[1]. Wenn

---

1) Es handelt sich hier um innerbetriebliche Wagnisverrechnung. Im Laufe der Zeit können sich auf den "Verrechnungskonten" Über- und Unterdeckungen ergeben, die
   sich jedoch auf lange Zeiträume gesehen ausgleichen,
   "richtige Tarife" vorausgesetzt.

bei Ausführung des oben genannten Transportes z.B. gerade
Kleinwasser herrscht, dann werden die an die Frachtführer
zu zahlenden und im Tarif festgelegten Kleinwasserzuschläge, die bis zu 80 % der Schiffsanteilsfracht und des
Schlepplohnes ausmachen können, von dem Verrechnungskonto
Kleinwasserrisiko getragen. Diesen dem Konto belasteten
Kleinwasserzuschlägen liegen bei Fremderstellung Ausgaben
gleicher Höhe zugrunde, bei Selbsterstellung dagegen Betriebserlöse (aus innerbetrieblicher Verrechnung) bei den
ausführenden Fahrzeugen. Die Betriebserlöse, die ein eige-
nes Fahrzeug für einen Transport erhält, können bei Kleinwasser somit erheblich über den von der Reederei für den
einzelnen Transport erzielten Erlösen liegen, weil ein
Teil der Betriebserlöse aus innerbetrieblicher Wagnisverrechnung und damit auch aus Erlösen anderer Leistungen
stammt.

Bei der bisher üblichen Erlösrechnung erfolgt also einmal
im Umfang aller Betriebserlöse aus innerbetrieblicher Verrechnung eine Aufblähung der in der Betriebsabrechnung zum
Ansatz kommenden Erlöse gegenüber den von Dritten tatsächlich erzielten Erlösen. Da den fiktiven (Verrechnungs-)
Erlösen aber fiktive (Verrechnungs-) Kosten gleicher Höhe
gegenüberstehen und folglich die Ergebnisse der Leistungen
und Betriebsteile insgesamt hierdurch nicht berührt werden, ist diese Aufblähung der Erlöse nur eine formale Aus-
wirkung der bisher üblichen Aufteilung aller Erfolgskompo-
nenten auf Leistungen und Betriebsteile.

Alle Erlösbestandteile werden so verrechnet, als würden
sie jeweils isoliert für einzelne Leistungen und Teilleistungen erzielt. Jeder Leistung und Teilleistung werden
genau die Erlöse zugeteilt, die im Tarif für diese Leistung bzw. Teilleistung vorgesehen sind, wobei Leistungen
und Teilleistungen ebensoweit differenziert werden, wie

sie im Tarif unterschieden sind. Auf Basis dieser Erlöse
werden dann in der Ergebnisrechnung nach Gegenüberstellung mit den Kosten der einzelnen Leistungen und Teilleistungen deren Ergebnisse ermittelt.

Ebenso werden jedem Betriebsteil (wie Speditionsbetrieb,
Kahn, Schlepper) genau die Erlöse gutgeschrieben, die im
Tarif für die von ihm jeweils erstellten Leistungen vorge-
sehen sind. Auf Basis der so ermittelten Erlöse werden
dann in der Ergebnisrechnung die Ergebnisse der einzelnen
Betriebsteile festgestellt.

Auch in der periodischen Erlösrechnung werden einer Periode die entsprechend errechneten Erlöse der in der Periode
ausgeführten Leistungen zugerechnet. (Sofern die Durchführung eines Transportes eine Periodengrenze überschreitet,
werden der Periode die anteiligen Erlöse der in ihr ausgeführten Teilleistungen zugerechnet.)

Im Sinne einer E i n z e l erlösrechnung ist es bei den
vorliegenden betrieblichen Gegebenheiten nun aber falsch,
die Erlöse in der beschriebenen Weise nach den im Tarif
unterschiedenen Erlösbestandteilen aufzuteilen und entsprechend den Leistungen und Betriebsteilen zuzurechnen.
Das werden die folgenden Ausführungen zeigen.

2. Die Zurechenbarkeit der Erlöse eines Auftrages über
   einen einzigen Transport

Die Zurechenbarkeit der Erlöse der Reederei soll zunächst
für den Fall eines Speditionsauftrages untersucht werden,
der nur einen einzigen Transport zum Inhalt hat (also z.B.
eine einzelne Schleppleistung oder den im vorangegangenen
Kapitel erwähnten Braunkohlentransport). Aufträge, die
mehrere Transporte zum Inhalt haben, werden erst in einem

anschließenden Kapitel behandelt, ebenso das Problem der Erlösverbundenheit zwischen verschiedenen Aufträgen.

Es ist also zu untersuchen, wie die für einen solchen Auftrag erzielten Erlöse im Sinne der Einzelerlösrechnung zurechenbar sind.

a) Die Verbundenheit der für einen Transport erzielten Erlöse und Erlösbestandteile

Die für einen Transport gemäß den Binnenschiffahrtstarifen erzielten Erlöse ergeben sich als Summe verschiedener Erlösbestandteile, abgesehen von besonders einfachen und im ganzen gesehen auch unbedeutenden Fällen wie z.B. einer Bugsierleistung. Dabei können folgende Typen von Erlösbestandteilen unterschieden werden:

1. E r l ö s e l e m e n t e (wie Schiffsanteilsfracht, Schlepplohn, Kleinwasserpauschale),

2. Erlöse für T e i l m e n g e n (die sich aufgrund der pro Tonne festgesetzten Erlöse für einzelne Teilmengen ergeben, also z.B. für die von einem eigenen Kahn oder von einem fremden Frachtführer beförderte Teilmenge) und

3. Erlöse für T e i l s t r e c k e n (wie der lt. Tarif auf einen Schlepper entfallende Schlepplohn, der das Schleppen von Kähnen nur für einen Teil der Strecke übernimmt, die diese zurückzulegen haben).

In einer Einzelerlösrechnung muß man berücksichtigen, daß von der Reederei über die Erzielung der einzelnen im Tarif unterschiedenen Erlösbestandteile nicht isoliert entschieden werden kann. So besteht bei einem Gütertransport nicht

die Möglichkeit, nur den Schlepplohn und nicht zugleich
auch die anderen Erlösarten zu erzielen. Entsprechendes
gilt für alle Erlösarten, alle Erlöse für Teilmengen und
alle Erlöse für Teilstrecken.

Es besteht lediglich die Alternative, einen Auftrag über
einen bestimmten Transport anzunehmen und zu erfüllen oder
ihn nicht anzunehmen. Im ersten Fall werden alle für den
betreffenden Transport festgesetzten Erlösbestandteile erzielt, im zweiten Fall wird keiner dieser Erlösbestandteile erzielt. Die Reederei erzielt alle Erlösbestandteile
gemeinsam oder überhaupt keine.

Die Summe der für einen Transport festgesetzten Erlösbestandteile stellt also einen Block von Erlösen dar, der
nicht in einzelnen Teilen disponierbar ist, sondern nur
als Ganzes.

Alle für einen Transport erzielten Erlösbestandteile sind
folglich durch die Entscheidung miteinander  v e r b u n -
d e n,  den Auftrag über diesen Transport anzunehmen und
zu erfüllen. Für die Zurechenbarkeit der Erlöse der Reederei in einer Einzelerlösrechnung ergeben sich hieraus einschneidende Konsequenzen und wesentliche Abweichungen gegenüber der bisher üblichen Erlösrechnung, wie noch zu
zeigen sein wird.

Im Vorgriff auf spätere Ausführungen sei jedoch bereits
hier darauf hingewiesen, daß die Erlöse pro Auftrag nicht
generell in dieser Ausschließlichkeit miteinander verbunden sein müssen. In mancher Hinsicht sind hiergegen vielmehr berechtigte Einwände möglich wie z.B. der, daß man
auch für einen nur teilweise erfüllten Auftrag bzw. für
einen nur teilweise ausgeführten Transport u. U. bestimmte Erlöse erzielen würde. Zunächst sollen jedoch die Kon-

sequenzen dargestellt werden, die die bisher geschilderte
allgemeine und vorherrschende Verbundenheit der verschiedenen Bestandteile der Erlöse eines Transportes für die
Zurechenbarkeit der Erlöse der Reederei hat. Erst anschließend[1] soll dann untersucht werden, inwieweit Bedingungen vorliegen können, die die bis dahin gewonnenen
Erkenntnisse über die Zurechenbarkeit der Erlöse der Reederei modifizieren. Dabei wird sich aber zeigen, daß solche
Einwände für die Einzelerlösrechnung praktisch bedeutungslos sind.

## b) Die Zurechenbarkeit der Erlöse auf Leistungen

Zur Erfüllung eines Auftrages über einen bestimmten Transport ist eine Reihe verschiedener Leistungen zu erbringen.
Ebenso sind im Tarif zahlreiche Erlösbestandteile unterschieden, die jeweils bestimmte Teilleistungen betreffen.
Jede dieser Teilleistungen, die nach Teilmengen, Teilstrecken und verschiedenen Leistungsarten (wie Fortbewegung, Raumgestellung, Übernahme von Kleinwasserrisiko) unterschieden werden können, hat also einen für sie festgesetzten Preis. In der bisher üblichen Erlösrechnung werden
die für einen Transport erzielten Erlöse auch gemäß diesen
Preisen den einzelnen Teilleistungen zugerechnet. (Entsprechend werden sie auch den Betriebsteilen zugerechnet,
die die Teilleistungen erbringen.)

Nun ergeben sich aber die für einen Transport erzielten
Erlöse zwar rechnerisch als Summe aller Einzelpreise der
zu erbringenden Teilleistungen. Disponiert wird aber, wie
gezeigt worden ist, über alle Bestandteile der Erlöse
eines Transportes gemeinsam.

---

1) Siehe S. 49 ff.

Die Reederei trifft zwar Dispositionen, die nur einzelne
Teilleistungen eines Transportes zum Inhalt haben. Solche
Dispositionen betreffen aber lediglich die Art der Ausführung des betreffenden Transportes, sie sind für die
Höhe der anfallenden Kosten maßgebend. Das wird bei der
Einzelkostenrechnung der Reederei noch eingehend untersucht werden. Solche Dispositionen haben für sich allein
jedoch keinen direkten Einfluß auf die Erzielung bestimmter Erlöse. Ein solcher direkter Einfluß auf die erzielten
Erlöse besteht vielmehr erst für alle zu einem Transport
gehörenden Teilleistungen zusammen, da die Ausführung
a l l e r  Teilleistungen eines Transportes notwendig ist,
um den zugrunde liegenden Auftrag zu erfüllen und die vorgesehenen Erlöse zu erzielen.

Allerdings kann man auch bei der Erstellung von Leistungen,
für die keine Erlöse erzielt werden oder denen Erlöse einzeln nicht zurechenbar sind, mit einer gewissen Berechtigung von einer Werteentstehung sprechen, nämlich insoweit
wie mit der Erstellung der Leistungen die Kosten erspart
werden, um die die Einzelkosten einer Fremderstellung die
Einzelkosten der Selbsterstellung übersteigen[1]. Wenn z.B.
ein eigener Selbstfahrer einen eigenen Kahn schleppt, dann
können hierdurch gegenüber dem Schleppen des Kahnes durch
Fahrzeuge von Dritten Kosten eingespart werden. Diese ein-
gesparten Kosten könnten als Ertrag der Schleppleistung
angesehen werden oder genauer (in Analogie zum Begriff
der Opportunitätskosten) als O p p o r t u n i t ä t s -
e r l ö s e ,  einem nach Kenntnis des Verfassers bisher
nicht verwendeten Begriff.

---

1) Der gleiche Gedanke bei Schäfer, Erich,
   a.a.O., S. 268.

Eine solche Betrachtensweise kann für verschiedene Aus-
wertungsrechnungen[1] von Interesse sein. Sie ist jedoch
nicht Gegenstand der laufenden Einzelerlösrechnung, da in
dieser nur die effektiven (baren und kreditorischen) Einnahmen abgebildet werden. Die Unterlagen für die hier an-
gedeuteten Rechnungen wären dagegen der Einzel k o s t e n-
rechnung zu entnehmen, da den Opportunitätserlösen im obigen Sinne Kosten zugrunde liegen (genauer: eingesparte bzw.
einsparbare Kosten).

In der Einzelerlösrechnung sind die Erlöse eines Transportes also grundsätzlich nur im ganzen ohne Aufteilung zurechenbar, eine Zurechnung auf einzelne Teilleistungen
unterbleibt. Bei der bisher üblichen Erlösrechnung dagegen
erfolgte eine solche Zurechnung ohne Erlösaufteilung nur
bei ganz besonders einfachen Transporten wie z.B. bei
einer Bugsierleistung, wo wegen des Charakters der Leistung eine Aufteilung in Teilleistungen gegenstandslos
ist. Nur in solchen im ganzen gesehen unbedeutenden Fällen
ergibt sich daher zwischen der Einzelerlös- und der herkömmlichen Erlösrechnung kein Unterschied bei der Zurechnung der Erlöse auf Leistungen.

Aber schon bei einer Streckenschleppleistung kann in der
herkömmlichen Erlösrechnung eine Aufteilung der Erlöse auf
Teilleistungen erfolgen, so z.B. auf Teilstrecken, wenn
hierbei verschiedene Fahrzeuge schleppen. Noch viel diffe-
renzierter ist diese Aufteilung bei einem Gütertransport,
wo i.d.R. eine Aufteilung auf verschiedene Leistungsarten
wie Raumgestellung, Streckenschleppleistung und Nebenleistungen erfolgt. Die Einzelerlösrechnung folgt dem in kei-

---

1) Insbesondere wenn es um Faustregeln und grobe Hilfs-
   rechnungen für laufende Entscheidungen geht, so z.B.
   dann, wenn man beim Einsatz der eigenen Fahrzeuge bestimmte Mindesterlöse fordert, die aus solchen Opportunitätserlösen abgeleitet sind.

nem Fall, und es ergibt sich hier also eine erhebliche
Abweichung gegenüber der herkömmlichen Erlösrechnung.

Die Einzelerlösrechnung ist damit vergleichsweise global
und wenig differenziert. Ob und inwieweit hiermit ein Nachteil gegenüber der bisher üblichen Erlösrechnung verbunden
ist, kann an dieser Stelle noch nicht beantwortet werden.
Dennoch sind bereits hier einige erklärende Hinweise notwendig:

Der Verzicht auf eine stärker differenzierte Erlösaufteilung liegt nicht etwa in mangelnder Genauigkeit oder gar
einem Fehler des Systems der Einzelerlösrechnung begründet. Er entspricht vielmehr gerade der Natur der betrieblichen Gegebenheiten, die die Einzelerlösrechnung möglichst wirklichkeitsgerecht abbilden will.

Die Einzelerlösrechnung will nur solche Informationen liefern, die unmittelbaren Aussagewert für die Vorbereitung
und Kontrolle von Entscheidungen haben. Für Entscheidungen
sind Erlöse aber nur insoweit relevant, wie sie sich mit
der Vornahme der Entscheidungen jeweils ändern. Das sind
im hier betrachteten Fall nur alle für den Transport erzielten Erlösbestandteile gemeinsam. So wäre es für Entscheidungen der Reederei gleichgültig, ob die Teilpreise
einzelner Teilleistungen gemessen an den für die Teilleistungen aufzuwendenden Kosten zu gering erscheinen. Ebenso
wäre die Frage sinnlos, was man mit der Kleinwasserpauschale oder dem Schleppen einer Teilmenge "verdient". Die
verschiedenen Teilleistungen müssen vielmehr im Zusammenhang miteinander gesehen werden. Entscheidend für die Annahme eines Auftrages über den betreffenden Transport ist
allein, ob der Transport sich im ganzen lohnt.

Der Verzicht auf eine stärker differenzierte Erlösaufteilung steht nicht im Widerspruch zu den Fragestellungen an

das Rechnungswesen sondern entspricht ihnen gerade, sofern
die Fragestellungen sachgerecht sind. Eine weitergehende
Erlöszurechnung wäre nicht nur falsch im Sinne einer Einzelerlösrechnung. Sie wäre vielmehr auch sinnlos in Hinblick auf die auftretenden Fragestellungen.

Dabei darf nicht übersehen werden, daß zur rechnerischen
Ermittlung der für einen Auftrag zu erzielenden Erlöse die
Preise der einzelnen Leistungen und Teilleistungen greif-
bar sein müssen. Diese können jedoch einfach den Binnenschiffahrtstarifen entnommen werden, und es wäre überflüssig und falsch, die verschiedenen Erlösbestandteile
im Rahmen des Rechnungswesens laufend isoliert zu verrech-
nen.

Ferner darf nicht übersehen werden, daß selbstverständlich
außerhalb der eigentlichen Einzelerlösrechnung (die direk-
te Grundlage für Entscheidungsrechnungen sein will) verschiedene Erlösstatistiken sinnvoll sein können, um inter-
essierende Erlösentwicklungen zu beobachten. So dürfte es
beispielsweise von Interesse sein, wie sich die kleinwasserbedingten Erlöse im Laufe der Monate und Jahre entwik-
keln. Zusammen mit einer Gegenüberstellung entsprechender
Kosten kann man solche Unterlagen z.B. für Diskussionen
über die "Angemessenheit" von Kleinwasserzuschlägen verwenden. Dabei ist jedoch zu beachten, daß solche Unterlagen letzten Endes nur dazu geeignet sind, um betriebliche
Interessen gegenüber Dritten zu begründen. Intern sind für
betriebspolitische Entscheidungen stets zugleich auch die
übrigen Teilerlöse der Transporte relevant.

## c) Die Zurechenbarkeit der Erlöse auf Betriebsteile

Aus dem bisherigen Ergebnis, daß den verschiedenen Teilleistungen eines Transportes einzeln keine Erlöse zurechenbar sind, folgt unmittelbar, daß den Betriebsabteilungen
(Ertragsstellen[1])), die die Teilleistungen erstellen, für
die von ihnen erbrachten Leistungen einzeln keine Erlöse
zurechenbar sein können. Die an der Ausführung beteiligten
Kähne, Schlepper, Selbstfahrer oder die Speditionsabteilung können also keine Teilerlöse gutgeschrieben bekommen.
Auch insofern ergibt sich also eine einschneidende Abweichung gegenüber der bisher üblichen Erlösrechnung. (Nur in
den wenigen Fällen, in denen eine Betriebsabteilung eine
komplette Leistung erbringt, scheinen die Erlöse des Transportes der Abteilung zurechenbar. Doch auch hier ergeben
sich die folgenden Einwände.)

Ähnlich wie die erzielten Erlöse zwar nicht den Teilleistungen im einzelnen, aber doch der Summe dieser Teilleistungen zurechenbar sind, stellt sich nun auch in Hinblick
auf die Zurechenbarkeit auf Betriebsteile die Frage, ob
die erzielten Erlöse wenn nicht einzelnen so doch der Gesamtheit der den Transport ausführenden Betriebsabteilungen zurechenbar sind.

Bei dieser Fragestellung ist auch daran zu denken, daß
viele Transporte von der Reederei nicht völlig selbsterstellt, sondern teilweise oder gänzlich von Dritten ausgeführt werden. Nach den vorangegangenen Darlegungen versteht es sich hier von selbst, daß in solchen Fällen die
erzielten Erlöse nicht nach den selbsterstellten Teillei-

---

1) Zur Zurechnung von Erlösen auf Betriebsteile ("Ertrags-
   bildungsbereiche" oder "Ertragsstellen") siehe auch
   Schäfer, Erich, a.a.O., S. 268-270.

stungen einerseits und den fremderstellten Teilleistungen
andererseits aufgeteilt werden dürfen. Die aufgeworfene
Frage läuft daher auf das Problem hinaus, ob die für einen
Transport erzielten Erlöse der Gesamtheit der eigenen Betriebsabteilungen und Dritten, die zusammen den Transport
ausführen, zurechenbar sind.

Um die Beantwortung dieser Frage zu vereinfachen, sei zunächst angenommen, daß zur Ausführung der Leistungen keine
Dritten, sondern nur eigene Fahrzeuge in Betracht kommen.
Dabei sind stets wahlweise verschiedene eigene Fahrzeuge
verwendbar (also verschiedene eigene Selbstfahrer, Kähne
oder Streckenschlepper), und es ergeben sich bei einem
Transport somit Wahlprobleme, welche von den in Frage kommenden eigenen Fahrzeugen gewählt werden.

Die Entscheidungen, welche Fahrzeuge die Leistungen erstellen sollen, werden in Hinblick auf das gesamte Leistungsprogramm getroffen. Es besteht normalerweise kein
direkter Zusammenhang zwischen dem Einsatz eines bestimmten Fahrzeuges und der Erzielung bestimmter Erlöse. Bestimmte einzelne Fahrzeuge sind nicht Voraussetzung dafür, daß
bestimmte Transporte ausgeführt und die entsprechenden Erlöse erzielt werden können. (Das wäre anders, sofern die
Reederei ausgesprochene Spezialfahrzeuge in jeweils nur
einem Exemplar hätte.)

Entsprechend ist für Entscheidungen darüber, welche Aufträge angenommen und welche Leistungen erstellt werden,
die gesamte jeweils zur Ausführung in Frage kommende Kapazität maßgebend. Das sind die Fahrzeuge, die prinzipiell
zur Erstellung dieser Leistungen geeignet sind. Von welchen Fahrzeugen dann die Leistungen tatsächlich erstellt
werden, ist für die Erzielung der Erlöse ohne Bedeutung.

Unter der oben gemachten Annahme, daß zur Ausführung des
Transportes keine fremden Frachtführer in Betracht kommen,
sind die Erlöse also nur der Gesamtheit der Betriebsteile
(genauer: der Bereithaltung dieser Betriebsteile) zurechenbar, die prinzipiell zur Ausführung der betreffenden Leistungen in Frage kommen, nicht aber den einzelnen Fahrzeugen, die die Leistungen tatsächlich erstellen. Dies gilt
selbst dann, wenn einzelne Fahrzeuge regelmäßig mit der
Erstellung ganz bestimmter Leistungen beschäftigt sind.

So wären z.B. die Erlöse für Tanktransporte der Gesamtheit
der Fahrzeuge der Reederei zurechenbar, die zur Ausführung
in Frage kommen, also der Gesamtheit der Tankschiffe der
Reederei, nicht jedoch einzelnen Tankschiffen. Zugleich
wären sie allgemeinen Abteilungen zurechenbar, bei Speditionsaufträgen z.B. der Speditionsabteilung. Entsprechendes
gilt bei allen Arten von Transporten der Reederei. Dabei
ist auch daran zu denken, daß Teilleistungen eines Transportes von Fahrzeugen erbracht werden können, die auf andere Transporte spezialisiert sind. So kann z.B. ein mit
Braunkohle beladener Kahn auch von einem Tankselbstfahrer
mitgeschleppt werden. (Streng genommen müssen somit die
Erlöse für Braunkohletransporte nicht nur den Fahrzeugen
zugerechnet werden, die auf solche Transporte spezialisiert sind, sondern zugleich auch den Tankschiffen.)

Selbst unter der bisher gemachten vereinfachenden Annahme,
daß bei Ausführung der Transporte nicht auf Leistungen
Dritter zurückgegriffen werden kann, würden sich wegen
der relativ universell verwendbaren Kapazitäten somit nur
recht globale Möglichkeiten ergeben, Erlöse auf Betriebsteile zuzurechnen.

Die bisher gemachte Einschränkung, daß man bei der Trans-
portausführung nicht auf Fremdleistungen zurückgreifen
kann, war aber eine Fiktion. Tatsächlich ist bei praktisch

allen Transporten, die die Reederei aufgrund von Kundenaufträgen zu erbringen hat, die Möglichkeit gegeben, die
Transporte von Dritten ausführen zu lassen. In gewissem
Umfang besteht sogar die gesetzliche Verpflichtung, Partikuliere zu beschäftigen[1]. Die Reederei muß aber auch deshalb in erheblichem Umfang auf Fremdleistungen zurückgreifen, weil sie regelmäßig mehr Aufträge annimmt, als sie
mit ihrer eigenen Kapazität selbst erstellen kann bzw. an
Partikuliere abgeben muß. Im Einzelfall eines jeden Transportes besteht aber prinzipiell eine Wahlmöglichkeit, den
Transport selbst auszuführen oder ganz oder teilweise von
Dritten ausführen zu lassen.

Auch hier werden die Entscheidungen darüber, ob bestimmte
Leistungen selbsterstellt oder ganz oder teilweise fremderstellt werden sollen, in Hinblick auf das gesamte Leistungsprogramm getroffen. Es besteht normalerweise kein
direkter Zusammenhang zwischen der Erzielung bestimmter
Erlöse und den Leistungen fremder Frachtführer, Unter-
frachtführer oder Schleppunternehmer. Bei den Entscheidungen darüber, welche Aufträge angenommen und welche Leistungen erstellt werden sollen, ist vielmehr das Leistungs-
potential der eigenen Fahrzeuge und der verfügbaren Fremdleistungen Dritter im ganzen maßgebend. Welche Leistungen
dann fremd- und welche selbsterstellt werden, ist für die
Erzielung der Erlöse ohne Bedeutung. Leistungen fremder
Frachtführer sind deshalb nicht Voraussetzung dafür, daß
bestimmte Transporte ausgeführt und die entsprechenden
Erlöse erzielt werden können.

Es ergibt sich somit, daß die für einen Transport erzielten
Erlöse (die, wie gezeigt, einen nicht weiter aufteilbaren

---

1) Siehe S. 14.

Block darstellen) in einer Einzelerlösrechnung nur der
Gesamtheit folgender Bezugsobjekte zurechenbar sind:

den zur Ausführung in Betracht kommenden eigenen
Betriebsteilen wie eigene Kähne, Selbstfahrer,
Streckenschlepper und Speditionsabteilung, ferner

dem zur Ausführung in Betracht kommenden Leistungs-
potential der Fremdleistungen (von einer Differenzierung und Abgrenzung des weitreichenden Reservoirs
an Fremdleistungen kann dabei abgesehen werden).

Wie bei der Zurechnung der Erlöse auf Teilleistungen ergeben sich somit auch bei der Zurechnung auf Betriebsabteilungen (Ertragsstellen) für den bisher betrachteten
Fall eines einzelnen Transportes erhebliche Abweichungen
gegenüber der bisher üblichen Erlösrechnung. Während bisher die Erlöse den Betriebsteilen entsprechend den von
ihnen erbrachten Teilleistungen zugerechnet werden, sind
in einer Einzelerlösrechnung nur außerordentlich globale
und damit erheblich weniger differenzierte Zurechnungsmöglichkeiten gegeben. (Eine Ausnahme bilden auch hier
die im ganzen gesehen jedoch unbedeutenden Fälle, wo komplette Transporte nur von einzelnen oder ganz wenigen
Fahrzeugen erbracht werden können, wie bei Bugsierleistungen.)

Wenn man sich auf eine so globale Zurechnung der Erlöse
beschränkt und von einer weitergehenden Zurechnung absieht,
die mindestens teilweise willkürlich wäre und den Prinzipien der Einzelerlösrechnung widersprechen würde, entstehen für die Auswertungsmöglichkeiten der Erlösrechnung
keine Nachteile. Die Aussagemöglichkeiten der Erlösrechnung sind durch die betrieblichen Gegebenheiten in der beschriebenen Weise eingeengt. Die Einzelerlösrechnung versucht nicht, Fragestellungen an die Erlösrechnung zu be-

antworten, die wegen der Verbundenheit der Erlöse einerseits und des Leistungspotentials andererseits nicht be-
antwortbar sind. Das sei an einigen Beispielen erläutert:

Es ist gezeigt worden, daß eine Zurechnung von Erlösen
auf einzelne Fahrzeuge für Dispositionen über den  E i n -
s a t z  der Fahrzeuge der Reederei keinen Erkenntniswert
hat. Die Erlöse werden aufgrund der Annahme der Transportaufträge und ihrer vollständigen Erfüllung erzielt und
nicht aufgrund der Betriebsleistungen einzelner Fahrzeuge.

Es bleibt zu fragen, ob bei Dispositionen über die  G e -
s t a l t u n g  d e r  K a p a z i t ä t  (insbesondere bei
Entscheidungen über Verkleinerung oder Erweiterung der betrieblichen Kapazität) die Zurechnung von Erlösen auf einzelne Fahrzeuge gemäß den mit ihnen erstellbaren Teilleistungen von Bedeutung ist: überlegt man z.B., ob ein bestimmtes Fahrzeug aus dem Betrieb genommen oder weiter-
betrieben werden soll, so sind hierbei vor allem die folgenden beiden Aspekte von Bedeutung:

a) Welche der bisher selbsterstellten Transporte müßten
   zur Ausführung an Dritte übertragen werden?

b) Welche Transporte könnten auch nicht an Dritte übertragen werden, sondern müßten (mit den entsprechenden
   Erlösen) entfallen?

Aus dem bisher gesagten geht hervor, daß zur Beantwortung
der Frage a) keine Erlöse, sondern nur Kosten relevant
sind. Es bleibt daher hier nur noch der Aspekt b) zu untersuchen.

Es ist nicht zu erwarten, daß bei Außerbetriebnahme eines
Fahrzeuges ausschließlich oder doch in erster Linie jene
Transporte entfallen, die bei Weiterbetrieb des Fahrzeuges
unter Mitwirkung dieses Fahrzeuges erstellt werden würden.

Es ist vielmehr möglich oder sogar wahrscheinlich, daß man auf die Erstellung anderer Transporte verzichten würde. Man müßte also Überlegungen anstellen, für die die bisher von dem betreffenden Fahrzeug erstellten Teilleistungen und deren Teilerlöse praktisch bedeutungslos sind.

Anders als die Einzelerlösrechnung setzt sich die herkömmliche Erlösrechnung über die aufgezeigten Grenzen der Zurechenbarkeit hinweg und weist für die einzelnen Fahrzeuge sehr detailliert die von diesen "erzielten" Erlöse (entsprechend den erbrachten Leistungen und Teilleistungen) aus. Die so ausgewiesenen Erlöse sind aber wegen der Verbundenheit der Erlöse nicht so interpretierbar, daß aus ihnen sachgerechte Rückschlüsse für Entscheidungen und Kontrollen möglich sind. So weisen die Kähne der Reederei nach der herkömmlichen Betriebsabrechnung regelmäßig "Verluste" aus. Diese "Verluste" beim Kahnbetrieb werden regelmäßig durch "Gewinne" anderer Betriebsteile (insbesondere beim Schlepperbetrieb) kompensiert. Wenn also die Frage auftaucht, ob man einen bestimmten Kahn verkaufen soll, dann weiß man, daß sich das Betriebsergebnis bei Außerbetriebnahme eines Kahnes nicht in der Größenordnung des bisher von dem Kahn erbrachten "Verlustes" verbessern würde, vielmehr würde sich auch das Betriebsergebnis der schleppenden Fahrzeuge verändern. Welche Erlöse die leistenden Fahrzeuge "wirklich" verdient haben, ist also auch aus der bisher üblichen Erlösaufteilung nicht zu ersehen (es wäre auch aus einer Einzelerlösrechnung nicht zu ersehen, weil eine laufende Erlösrechnung solche Informationen eben überhaupt nicht geben kann).

Ferner ist in Hinblick auf eine Kontrolle von Fahrzeugen zu beachten, daß ein Fahrzeug, das verglichen mit anderen Fahrzeugen bei der herkömmlichen Gemeinerlösaufteilungsrechnung besonders schlechte Erlöse hat, nicht auch beson-

ders ungünstig sein muß. Der zurückliegende Einsatz der
Fahrzeuge hängt vielmehr wesentlich auch von Zufällen ab,
während für Entscheidungen über ein Fahrzeug und für die
Kontrolle solcher Entscheidungen die Möglichkeiten ausschlaggebend sind, die in einem Fahrzeug liegen.

Die differenzierten Aussagen der bisher üblichen Erlösrechnung sind nur scheinbar detaillierter als die Aussagen
einer Einzelerlösrechnung. Die globaleren Aussagen der
Einzelerlösrechnung bringen keine Nachteile in Hinblick
auf ihre Auswertungsmöglichkeiten für sachgerechte Fragestellungen mit sich. Sie haben den Vorteil, keine falschen
Vorstellungen über die Zurechenbarkeit der Erlöse zu erwecken. Eine weitergehende Aufteilung der Erlöse wäre wert-
los für die auftretenden Fragestellungen und falsch im
Sinne der Einzelerlösrechnung.

### d) Sonderfälle

Für die bisherigen Feststellungen über die Zurechenbarkeit
der Erlöse war ausschlaggebend, daß die erzielten Erlöse
von den Dispositionen über die Ausführung der zu erbringenden einzelnen Leistungen und Teilleistungen unabhängig
sind. Hiergegen sind einige Einwände möglich, die bisher
außer acht geblieben sind, weil ihnen in Hinblick auf eine
laufende Einzelerlösrechnung keine wesentliche Bedeutung
zukommt. Sie sollen aber zur Vollständigkeit dieser Untersuchung im folgenden erwähnt werden.

Bei Errechnung der Erlöse[1] für eine bestimmte Transportleistung kann die Art und Weise ihrer Ausführung in gewissem Umfang eine Rolle spielen. Am wichtigsten ist dabei

---

1) Siehe  S. 20 ff.

der Einfluß von Kleinwasser: Für eine Transportleistung
werden höhere Erlöse erzielt, wenn sie bei Kleinwasser
anstatt bei Normalwasser ausgeführt wird, außer wenn das
Risiko, daß die Tragfähigkeit der Fahrzeuge infolge Kleinwassers nicht voll ausgenutzt werden kann, durch Kleinwasserpauschalen abgegolten ist. Bei Transporten fester Güter
gibt es nach dem Ausmaß des Kleinwassers gestaffelte Kleinwasserzuschläge auf Schiffsanteilsfracht und Schlepplohn
der bei Kleinwasser beförderten Mengen. Bei Tanktransporten wird, wenn Tankschiffe infolge Kleinwassers auf weniger als 1,85 m Tiefgang abladen müssen, die Fracht für die
Lademenge erzielt, die die Tankschiffe laut Eichschein bei
1,85 m Tiefgang abladen können, also für eine größere als
die tatsächlich beförderte Menge. Während bei Transporten
fester Güter somit die kleinwasserbedingten Mehrerlöse nur
vom Ausmaß des Kleinwassers abhängig sind, spielt bei Tanktransporten darüber hinaus auch die Auswahl des befördern-
den Fahrzeuges eine Rolle, weil die auf Kleinwasser zurück-
führbare Minderauslastung eines Fahrzeuges von dessen Größe
abhängig ist.

Ein anderes Beispiel für eine Abhängigkeit der Erlöse von
der Art der Ausführung der Transportleistungen sind die
Liegegelder, die für bestimmte Wartezeiten beim Güterumschlag erzielt werden. Sie sind gestaffelt nach Größe und
Art des jeweiligen Fahrzeuges.

Für die Höhe der für einen Transport erzielten Erlöse ist
also z. T. maßgebend, mit welchen Fahrzeugen und bei welchem Wasserstand er ausgeführt wird und welche Liegezeiten
beim Umschlag auftreten.

Da die bisherigen Aussagen über die Zurechenbarkeit der
Erlöse nur für von der Art der Ausführung unabhängige Erlöse gelten, ist zu prüfen, ob für die bisher außer acht

gelassenen von der Art der Ausführung abhängigen Erlöse
andere Zurechenbarkeiten gegeben sind. Gemäß den Grundsätzen der Einzelerlösrechnung ist hierfür wiederum ausschlaggebend, wie diese Erlöselemente mit den Dispositionen
der Reederei zusammenhängen.

Wenn hier davon gesprochen wird, daß die Erlöse von der
Art der Ausführung abhängig sind, so handelt es sich streng
genommen darum, daß die Erlöse einerseits von den Bedingungen der Außenwelt abhängig sind, die während der Ausführung
herrschen (Wasserstand), andererseits aber auch von den
eigenen Dispositionen, die man für die Ausführung getroffen
hat (Fahrzeug- und Terminwahl). Die Bedingungen werden also
teils passiv hingenommen, teils aktiv geschaffen. Die hier
gewählte Formulierung, daß diese Erlöse von der Art der
Ausführung abhängig sind, ist daher insofern nicht ganz
treffend, als man dabei allein an die selbst gewählten Aus-
führungsbedingungen denken könnte. Richtiger wäre es, hier
allgemein von "bedingten" Erlösen zu sprechen im Gegensatz
zu den "unbedingten". Gegenüber dieser abstrakten Formulierung wird hier jedoch den Begriffen "ausführungsabhängig" und "ausführungsunabhängig" der Vorzug gegeben, weil
sie in dieser Kurzform anschaulicher und aussagefähiger
sind.

Die Besonderheiten der von der Art der Ausführung abhängigen Erlöse (in der Folge vereinfacht 'ausführungsabhängige
Erlöse' genannt) für ihre Zurechenbarkeit lassen sich am
leichtesten bei den Liegegeldern darstellen: Die Liegegelder sind wie die bisher behandelten von der Art der
Ausführung unabhängigen (oder vereinfacht: 'ausführungsunabhängigen') Erlöse dem zugrunde liegenden Auftrag zurechenbar, da sie wie diese auf die Annahme des betreffenden Auftrages zurückführbar sind. Es ist aber zu vermuten,
daß sie zusätzlich auch dem Einsatz des ausführenden Fahr-

zeuges zurechenbar sind, und zwar insoweit, wie sie auf
die Wahl dieses Fahrzeuges zurückführbar sind.

Die Reederei hat auf die Dauer der Liegezeiten beim Güterumschlag praktisch keinen Einfluß. Ihr Einfluß erstreckt
sich über die Wahl des ausführenden Fahrzeuges auf die
Höhe des Liegegeldes pro Tag, da z.B. für einen Selbstfahrer höhere Liegegelder pro Tag erzielt werden als für
einen Kahn. (Ferner spielt auch die Schiffsgröße eine
Rolle.) Nun muß man aber davon ausgehen, daß bei Auswahl
eines Fahrzeuges für einen bestimmten Transport keine Rücksicht genommen wird auf die Höhe der erzielbaren Liegegelder. Denn einmal weiß man nicht im voraus, ob überhaupt
längere Liegezeiten beim Umschlag auftreten. Wenn aber
schon Liegezeiten auftreten, dann ist man durchaus nicht
daran interessiert, diese bei Fahrzeugen mit besonders hohen Liegegeldsätzen in Kauf zu nehmen, weil die Liegegelder
in der Regel nicht die Nachteile aus dem Stilliegen der
Fahrzeuge ausgleichen. Man würde die Liegezeiten vielmehr
möglichst bei den Fahrzeugen in Kauf nehmen, die man am
ehesten entbehren kann.

Dennoch ergibt sich gewissermaßen als "Nebeneffekt" beim
Einsatz der Fahrzeuge die beschriebene Wirkung auf die Höhe der Liegegelder. Streng genommen ist also der Mehrerlös,
um den das erzielte Liegegeld beim Einsatz eines bestimmten
Fahrzeugtyps[1] höher ist, als es bei einem anderen Fahrzeugtyp wäre, dem Einsatz des gewählten Fahrzeugtypes zurechenbar.

_____

1) Aus den Überlegungen über die Zurechenbarkeit der Erlöse auf Betriebsbereiche folgt unmittelbar, daß hier
   nicht das konkrete eingesetzte Fahrzeug als Bezugsobjekt in Frage kommt, sondern nur die Gesamtheit der
   einsetzbaren Fahrzeuge des betreffenden Fahrzeugtyps
   (siehe S. 42 ff.).

In einer laufenden Einzelerlösrechnung sollte man von
einer solchen Zurechnung der Liegegelder jedoch absehen,
da ihre Durchführung recht kompliziert wäre und die erzielten Liegegelder gemessen an den Gesamterlösen nicht
ins Gewicht fallen. Die Liegegelder sollten vielmehr
zwar als ausführungsabhängig (in einer besonderen Erlöskategorie) ausgewiesen werden, jedoch wie die ausführungsunabhängigen Erlöse nur den betreffenden Aufträgen zugerechnet werden. Die Zurechnung ist dann nicht falsch, sondern nur weniger differenziert, als es an sich (bei unangemessenem Rechenaufwand) möglich wäre.

Zu einem ähnlichen Ergebnis kommt man auch bei den kleinwasserbedingten Mehrerlösen. Hier könnte man vermuten, daß
die Reederei auf ihre Höhe einen Einfluß hat, soweit sie
den Zeitpunkt der Ausführung eines Transportes in einer
gewissen Zeitspanne verschieben kann und innerhalb dieser Zeitspanne die maßgebenden Wasserstände in einem Ausmaß schwanken, das für die Errechnung der Erlöse relevant
ist. Bei Tanktransporten wäre zusätzlich bei der Wahl des
Fahrzeugtyps ein gewisser Einfluß möglich.

Tatsächlich ist aber der von den Auftraggebern eingeräum-
te zeitliche Spielraum für die Ausführung der Transporte
i. d. R. sehr klein. Auch muß man aus absatzpolitischen
Gründen den Interessen der Auftraggeber entsprechen, so
daß hier faktisch ein sehr geringer Dispositionsspielraum
besteht. Es empfiehlt sich daher, in der Einzelerlösrechnung die kleinwasserbedingten Mehrerlöse zwar als ausführungsabhängig (in einer besonderen Erlöskategorie)
auszuweisen, sie jedoch wie die ausführungsunabhängigen
Erlöse zuzurechnen. Auch hier wird die Zurechnung dann

nicht falsch, sondern nur weniger differenziert, als
es an sich (bei unangemessenem Rechenaufwand) möglich
wäre[1].

Die Abhängigkeit der Erlöse von der Ausführung der Transporte ist aber noch unter einem ganz anderen Aspekt zu
untersuchen. Bisher ist stillschweigend unterstellt worden, daß ein angenommener Auftrag auch vollständig erfüllt wird. Fragt man nun aber, welche Erlöse erzielt
werden, wenn dieser Verpflichtung nicht voll entsprochen
wird, wenn also nicht alle zu erbringenden Leistungen
ausgeführt werden, dann ergeben sich verschiedene Möglichkeiten, die für die Zurechenbarkeit der Erlöse Bedeutung haben können.

Der Fall der Teilerfüllung eines Auftrages bei Vertragsbruch seitens der Reederei ist im Tarif nicht geregelt.
Für die Frage, welche Erlöse dann erzielt werden,.seien
zunächst zwei extreme Beispiele diskutiert. Sie werden
in dieser reinen Form nicht vorkommen, sie veranschau-
lichen jedoch die bei Vertragsbruch auftretenden Probleme.

---

1) Allerdings kann eine solche Zurechnung genau genommen auch falsch sein, wenn man mehrere Aufträge
betrachtet: Wenn in einem bestimmten Zeitraum der
Transport $t_1$ eines Auftrages $A_1$ und der Transport $t_2$
eines Auftrages $A_2$ zu erbringen sind, und wenn in
einer Kleinwasserphase innerhalb dieses Zeitraumes
entweder $t_1$ oder $t_2$, nicht aber beide erstellt werden
können, dann wären die für $t_1$ oder $t_2$ erzielten
kleinwasserbedingten Mehrerlöse nicht auf $A_1$ bzw. $A_2$,
sondern nur auf $A_1$ und $A_2$ gemeinsam zurechenbar.
(Siehe die genauere Betrachtung eines ähnlichen
Falles einer Verbundenheit auf S. 128 f.)

Trotzdem dürfte es auch hier aus den oben genannten
Gründen vertretbar sein, diesen Aspekt in einer Einzelerlösrechnung zu vernachlässigen.

Der eine Fall läge dann vor, wenn man bei Teilerfüllung eines Auftrages genau die Erlöse erzielt, die sich nach den Tarifen anteilsmäßig für die bereits erbrachten Leistungen errechnen, also z.B. für eine Teilmenge oder eine Teilstrecke. Hier wären die erzielten Erlöse anteilig dem bis dahin erbrachten Teilauftrag zurechenbar, die Erlöse des Auftrages wären also nicht wie bisher als miteinander verbunden anzusehen. Dieses verblüffende Ergebnis ergibt sich aus der hier vorgenommenen (und letzten Endes wirklichkeitsfremden) Unterstellung, die darauf hinausläuft, daß die Reederei nach Annahme eines Auftrages ohne für sie selbst nachteilige Folgen in beliebigem Umfang von der eingegangenen Leistungsverpflichtung wieder zurücktreten kann. Aus der Sicht der Reederei läge dann also nur ein scheinbarer Verbund zwischen den Leistungen des Auftrages vor, weil sie diesen Verbund durch eigene Dispositionen faktisch beliebig auflösen kann.

Der andere Fall wäre der, daß man bei Teilerfüllung eines Auftrages überhaupt keine Erlöse erzielen würde. Dann wären die gesamten Erlöse des Auftrages immer den zur vollständigen Erfüllung noch zu erbringenden Leistungen zurechenbar, weil man für die bereits erbrachten Leistungen allein überhaupt keine Erlöse erzielen würde. Nur in diesem Fall würde aus der Sicht der Reederei eine absolute Verbundenheit zwischen den verschiedenen Leistungen eines Auftrages bestehen, d.h. eine unumstößliche Verbundenheit, die nach Auftragsabschluß von ihr überhaupt nicht mehr revidiert werden kann.

Auf eine Behandlung realer Zwischentypen zwischen den beiden genannten Extremfällen soll hier verzichtet werden. Es soll lediglich gezeigt werden, daß die früher gemachte Annahme der Verbundenheit der Leistungen eines Auftrages eigentlich den eben behandelten zweiten Extremfall voraussetzt, der so kraß nicht vorkommen wird. Die laufende Er-

lösrechnung hat jedoch keine Wahl, sie muß auf den Nor-
malfall der ordnungsmäßigen Auftragserfüllung ausgerichtet sein, denn die Zurechenbarkeit der Erlöse unter dem
Aspekt der Teilerfüllung von Aufträgen ist so vielfältig,
daß die laufende Einzelerlösrechnung solche Sonderfälle
nicht berücksichtigen kann. Sie betrifft zudem einen so
speziellen Gesichtspunkt, daß sich hieraus kein Nachteil
ergibt.

Abschließend sei noch auf eine weitere Möglichkeit der
Abhängigkeit von Erlösen von den Dispositionen über die
Ausführung der Transportleistungen hingewiesen. Die Entscheidung der Reederei über die Art der Ausführung eines
Transportes kann, ohne daß hiervon die Höhe der Erlöse
für diesen Transport betroffen wird, für die Erzielung
anderer Erlöse (für andere Leistungen) von Einfluß sein.
So kann ein Selbstfahrer der Reederei, der gerade einen
bestimmten Transport $l_1$ ausführt, unterwegs einen Auftrag
über eine (zusätzliche) Schleppleistung $l_2$ erhalten und
ausführen, der bei alternativer Fremderstellung von $l_1$
nicht der Reederei, sondern dem ausführenden Dritten angeboten worden wäre. Entsprechendes gilt für die Aufträge,
die nach Ankunft an der Zielstation bzw. auf der Rückfahrt
angenommen werden können.

Die von den Fahrzeugführern unterwegs kurzfristig angenommenen Zusatzaufträge führen zu Erlösen, die als "kosten-
mindernde Nebenerlöse"[1] bezeichnet werden. Sie sind den zu
anderen Aufträgen ("Hauptaufträgen") gehörenden Ausfüh-

---

1) Siehe Kirchgässer, Wilhelm u. a., a.a.O., S. 90 f.
   (Solche Nebenaufträge führen oft zu gewissen zusätzlichen Kosten, so daß ihre Erlöse die Kosten der
   Hauptleistung nicht in vollem Umfang mindern, sondern
   erst nach Saldierung mit diesen zusätzlichen Kosten.)

rungsleistungen, die ihre Erzielung ermöglichen, zurechenbar. Analog früheren Überlegungen sind sie auch der Gesamtheit der eigenen Fahrzeuge zurechenbar, die zur Ausführung des jeweiligen "Haupttransportes" in Frage kommen.

Grundsätzlich gelten ähnliche Überlegungen nicht nur in Hinblick auf "Nebenerlöse" der beschriebenen Art, sondern ganz allgemein. Je schneller nämlich die Fahrzeuge der Reederei die mit ihnen erstellten Transportleistungen ausführen, um so mehr Transporte können insgesamt von der Flotte der Reederei ausgeführt werden. Dieser allgemeine Fall wirkt sich bei den Betriebsgegebenheiten der Reederei (anders als bei den erwähnten "Neben"-Aufträgen) jedoch nur darauf aus, inwieweit die angenommenen Transportaufträge selbsterstellt anstatt fremderstellt werden können, also auf die Kosten der Ausführung der Transporte und nicht auf die insgesamt erzielten Erlöse. Denn wegen des großen Reservoirs möglicher Fremdleistungen können Transportaufträge weitgehend unabhängig von den Möglichkeiten der Selbstausführung angenommen werden.

3. Die Zurechenbarkeit der Erlöse eines Auftrages über mehrere Transporte

Wenn mehrere Transporte Gegenstand eines Auftrages sind, und das ist die Regel[1], besteht zwischen den verschiedenen Transporten eines solchen Auftrages und deren Erlösen eine ähnliche Verbundenheit wie zwischen den verschiedenen Teilleistungen eines einzigen Transportes.

---

1) Viele Aufträge der Reederei umfassen eine Vielzahl von Transporten während mehrerer Monate oder sogar Jahre.

Dabei ist hervorzuheben, daß die Frage, wann verschiedene
Leistungen als "Teilleistungen eines einzigen Transportes"
oder als "verschiedene Transporte" anzusehen sind, nicht
von grundlegender Bedeutung, sondern nur eine Frage der
Definition ist, die sehr vom Blickpunkt der Betrachtung
abhängig und aus dem Sachverhalt heraus allein nicht zu
entscheiden ist.

Es soll hier auch nicht versucht werden, die verschiedenen
Ausprägungsformen der Aufträge der Reederei erschöpfend zu
behandeln, weil hier nur das Grundsätzliche gezeigt werden
kann. Es sei jedoch darauf hingewiesen, daß bei langfristigen Verträgen die im Rahmen der Vereinbarungen erteil-
ten einzelnen Kundenaufträge ("auf Abruf") nicht selbständige Aufträge im hier verstandenen Sinn sind, weil ihnen
im Einzelfall keine oder doch nur eine sehr eingeschränkte
Dispositionsfreiheit der Reederei zugrunde liegt. Unter
Auftrag wird hier vielmehr eine echte Disposition der Reederei verstanden, mit der sie eine neue Verpflichtung zur
Erstellung bestimmter· Leistungen eingeht.

Wie die verschiedenen Teilleistungen eines Transportes
und deren Erlöse auf die Annahme des zugrunde liegenden
Auftrages zurückführbar und über diese miteinander ver-
bunden sind, so sind auch verschiedene Transporte eines
Auftrages auf die Annahme des ihnen zugrunde liegenden
Auftrages zurückführbar und über diese miteinander ver--
bunden. Ebenso sind auch die Erlöse verschiedener Trans-
portleistungen eines Auftrages von den Entscheidungen der
Reederei über die Art ihrer Ausführung praktisch unab-
hängig (abgesehen von den oben genannten unbedeutenden
Ausnahmen und Randproblemen). Über die Erzielung aller
Erlöse eines Auftrages wird deshalb gemeinsam durch die
Annahme des betreffenden Auftrages disponiert, sie stel-
len einen Block dar, der in der Einzelerlösrechnung nicht

aufgespalten und in Teilen zugerechnet werden kann[1].
Dieser Erlösblock ist vielmehr nur als Ganzes der Gesamtheit aller Transporte des Auftrages und im übrigen nach
den im vorangegangenen Kapitel aufgestellten Grundsätzen
zurechenbar.

Auch hier sei jedoch ein spezieller Gesichtspunkt erwähnt, der zu einer etwas abweichenden Beurteilung führen
kann: Gelegentlich werden der Reederei alternativ verschiedene Varianten eines Auftrages angeboten, also z.B.
der Auftrag $A_1$ oder $A_2$. Der Auftrag $A_1$ umfasse die Leistungen $l_1$, $l_2$, ..., $l_n$, der Auftrag $A_2$ außer $l_1$, $l_2$,
..., $l_n$ zusätzlich die Leistung $l_{n+1}$. Da die Höhe der Erlöse für $l_1$, $l_2$, ..., $l_n$ unabhängig ist von den Erlösen
für $l_{n+1}$, ist bei Annahme von $A_2$ dieser Auftrag in Hinblick auf die Erlöszurechenbarkeit aufspaltbar in $A_1$ und
einen (fiktiven) Zusatzauftrag über $l_{n+1}$, denen Erlöse
isoliert zurechenbar wären. Solche Fälle haben bei der
Reederei jedoch so untergeordnete Bedeutung, daß sie hier
nicht weiter verfolgt werden sollen.

4. Die Zurechenbarkeit der Erlöse mehrerer Aufträge
   eines Auftraggebers

Die Reederei steht mit einigen Auftraggebern in fester
und oft langjähriger Geschäftsverbindung. Hieraus ergeben sich für die Zurechenbarkeit der Erlöse einige zusätzliche Probleme:

---

1) Vgl. hierzu die Beispiele der Verbundenheit von
   Einnahmen verschiedener Leistungen bei Krömmelbein,
   Gerhard: Leistungsverbundenheit im Verkehrsbetrieb,
   Berlin 1967, S. 55.

So ist es vor allem bei Mineralölprodukten üblich, bei
hohen jährlichen Frachtzahlungen eines Auftraggebers bestimmte im Tarif[1] vorgesehene prozentuale Rabatte auf
die Fracht zu gewähren. Ohne auf alle hierbei möglichen
Varianten einzugehen, sei zur Erläuterung der für die Erlöszurechnung bei solchen Rabatten auftretenden Probleme
lediglich ein besonders typischer Fall behandelt: Ein
Verlader sichert der Reederei für die Beförderung eines
Mineralölproduktes eine bestimmte Gesamtfrachtsumme pro
Jahr zu, und die Reederei verpflichtet sich, diese Beför-
derungen auszuführen. Je nach der Höhe der zugesicherten
Gesamtfrachtsumme räumt die Reederei diesem Auftraggeber
einen bestimmten prozentualen Mengenrabatt ein, der nach
Ablauf des Jahres auf die zunächst in voller Höhe verein-
nahmte Fracht zurückgewährt wird (nachdem der zuständigen
Aufsichtsbehörde die für den Rabatt tariflich geforderten
Voraussetzungen mitgeteilt sind).

Wird die vom Auftraggeber zugesicherte jährliche Gesamtfrachtsumme aus Gründen, die die Reederei zu vertreten
hat, oder infolge außergewöhnlicher Behinderung der Binnenschiffahrt nicht erreicht, dann ist der Rabattbetrag
auf die bis dahin erreichte (und zunächst noch nicht um
Rabatt gekürzte) Frachtsumme an den Auftraggeber zu vergüten. Der Auftraggeber erhält also wie anfänglich vereinbart den Rabatt, jedoch bezogen auf die geringere
Frachtsumme. Wird die zugesicherte jährliche Frachtsumme jedoch aus Gründen, die der Auftraggeber zu vertreten hat, nicht erreicht, dann entfällt nach Ablauf des
Jahres die anfänglich vereinbarte Rabattzahlung von der

---

1) Siehe FTB Nr. 33 v. 20.8.1966, E 342/2.
   Eine ähnliche Regelung gibt es bei Steinkohle und
   Koks (siehe FTB Nr. 29 v. 23.7.1966, A 402/73,
   ferner: FTB Nr. 15/16 v. 11.4.1968, A 402/79).

Reederei an den Auftraggeber. Der Auftraggeber hat dann
also überhaupt keine Rabattvergünstigung, sondern hat die
volle Fracht bezahlt.

In einem solchen Fall wird von der Reederei, indem sie
die Übernahme des betreffenden Beförderungsaufkommens
akzeptiert, gewissermaßen eine "Rahmendisposition" getroffen, die für die nachfolgend erhaltenen Aufträge des
Jahres maßgebend ist. Nach dieser Entscheidung sind den
einzelnen eingehenden Aufträgen die zunächst erhaltenen
Erlöse nur abzüglich des nach Ablauf der Vertragsfrist
von der Reederei an den Auftraggeber für diese Erlöse zu-
rückzugewährenden Rabattes zurechenbar. Denn die Reederei
hat dann durch eigene Dispositionen (also durch Annahme
oder Ablehnung einzelner Aufträge) nur noch Einfluß auf
die Erzielung der Erlöse abzüglich des Rabattes, weil sie
auf die Umstände, die dafür maßgebend sind, daß für jeden
zunächst erzielten Erlös nach Ablauf der Vertragsfrist
ein bestimmter Rabattbetrag an den Auftraggeber zurück-
zugewähren ist, dann nicht mehr Einfluß nehmen kann.

Erreicht aber der Auftraggeber aus Gründen, die er selbst
zu vertreten hat, nicht die betreffende Frachtsumme, dann
wird der anteilige Rabatt von der Reederei nicht gewährt.
Der für die einzelnen Aufträge tatsächlich erzielte Erlös
ist dann um den anteiligen Rabatt höher als zunächst verrechnet. Den ausgeführten Aufträgen wären in diesem Falle
daher nachträglich auch jeweils die Erlöse in Höhe des
ihnen zunächst nicht zugerechneten anteiligen Rabattes
zurechenbar.

Bei einer so engen Geschäftsbeziehung zu einem Auftraggeber ist jedoch noch eine weitergehende Zurechenbarkeit
der Erlöse eines Auftrages gegeben. Die Reederei nimmt
dann nämlich auch Aufträge an, die für sich betrachtet

für sie so ungünstig sind, daß sie einzeln gesehen nicht
angenommen werden würden. Sie werden jedoch akzeptiert,
weil die Reederei die Geschäftsbeziehungen mit dem Auftraggeber erhalten und auch die zugesicherten nachfolgenden Aufträge angeboten bekommen will. Die Reederei er-
wartet dann einen "kalkulatorischen.Ausgleich" zwischen
den verschiedenen Aufträgen und hofft, mit dem Auftraggeber im ganzen gesehen ein "gutes Geschäft" zu machen.

Die Reederei hat dann bei der Annahme eines Auftrages
nicht nur diesen, sondern zugleich auch die erwarteten
nachfolgenden Aufträge im Auge. Der Erlöswert des einzelnen Auftrages läßt sich dann nicht allein anhand der für
diesen Auftrag in Rechnung gestellten Erlöse beurteilen,
sondern nur im Zusammenhang mit den erwarteten nachfolgend erzielbaren Erlösen. Für den Fall, daß bei Ablehnung
eines bestimmten vorangegangenen Auftrages die nachfolgenden Aufträge entfallen würden, wären daher diesem Auftrag außer den für ihn in Rechnung gestellten Erlösen auch
die Einzelerlöse und Einzelkosten (per Saldo also die
Deckungsbeiträge) der nachfolgend erhaltenen Aufträge zurechenbar. Diese Deckungsbeiträge sind allerdings auch zugleich den nachfolgenden Aufträgen selbst zurechenbar.

Solche für die Erlöszurechenbarkeit maßgebenden Verbundenheiten zwischen mehreren Aufträgen können aber auch
vorliegen, wenn die Reederei mit einem Auftraggeber in
einer loseren Geschäftsverbindung steht als in dem eben
behandelten Fall, wenn sie also keine bestimmte Frachtsumme garantiert bekommen hat. Bei den meisten angebote-
nen Aufträgen hat die Reederei in mehr oder weniger star-
kem Ausmaß die Konsequenzen im Auge, die ein Annehmen oder
Ablehnen eines Auftrages auf die nachfolgenden Geschäftsbeziehungen zu dem betreffenden Auftraggeber hat. Die gezeigte Möglichkeit einer Zurechenbarkeit der Erlöse eines

Auftrages nicht nur auf diesen Auftrag selbst, sondern zugleich auch auf andere Aufträge kann also mehr oder weniger
ausgeprägt bei nahezu jedem Auftrag gegeben sein.


## 5. Die Zurechenbarkeit der Erlöse der Aufträge mehrerer Auftraggeber

Wie zwischen den verschiedenen Aufträgen eines Auftraggebers können auch zwischen den Aufträgen verschiedener Auftraggeber Verbundenheiten bestehen, wenn die Reederei sich
von einem Auftraggeber Wirkungen auf die Beziehungen zu
anderen Auftraggebern erhofft. Besonderes Interesse haben
dabei Fälle, in denen Aussicht besteht, mit dem Empfänger
der Sendungen ins Geschäft zu kommen. Solche Verbundenheiten sind jedoch regelmäßig unbestimmter als bei den im
letzten Kapitel behandelten Fällen. Haben sie aber starkes
Gewicht, so müssen die Erlöse der betreffenden Auftraggeber im Zusammenhang miteinander gesehen werden, und es ergeben sich analoge Zurechenbarkeiten wie bei den verbundenen Aufträgen eines Auftraggebers.


## 6. Die Zurechenbarkeit der Erlöse auf Zeitabschnitte

Bei der bisherigen Untersuchung der Zurechenbarkeit von
Erlösen ist das Problem der zeitlichen Abgrenzung von Erlösen unberücksichtigt geblieben. Die zeitliche Abgrenzung
von Erlösen kann aber in Hinblick auf periodenbezogene
Fragestellungen (z.B. periodische Ergebnisrechnungen) zu
einem besonderen und zusätzlichen Problem werden.

Die Zurechenbarkeit der Erlöse auf Zeitabschnitte ergibt
sich nun aber nicht so eindeutig wie die Zurechenbarkeit
auf sachliche (nicht zeitliche) Bezugsobjekte, denn die

Zeit an sich ist nicht disponierbar. Disponierbar sind
vielmehr nur die realen Objekte, wobei die Dispositionen
jedoch zeitraumbezogen sind. Die Zurechenbarkeit der Erlöse auf Zeitabschnitte folgt deshalb aus der Zugehörigkeit der realen Objekte, denen die Erlöse zurechenbar sind,
zu den interessierenden Zeitabschnitten. Zeitabschnitte
sind somit immer nur in Verbindung mit sachlichen Objekten
Bezugsobjekt für die Erlöse, und eine Zurechenbarkeit ist
nur soweit und immer dann gegeben, wie die sachlichen Objekte, denen die Erlöse (unabhängig von der Zeit) zurechenbar sind, dem in Frage stehenden Zeitraum zugeordnet
werden können.

Dabei ist davon auszugehen, daß Erlöse, die bei der Zurechenbarkeit auf sachliche (nicht zeitliche) Objekte einen
nicht weiter aufspaltbaren Block darstellen, auch bei der
Zurechenbarkeit auf Zeitabschnitte nicht aufgespalten werden dürfen.

Als solche Erlösblöcke haben sich bei der sachlichen Zurechnung im wesentlichen die Erlöse der einzelnen Aufträge
herausgestellt (wenn man von verschiedenen, im ganzen gesehen jedoch unbedeutenden Einwänden einmal absieht). Die
zeitliche Zurechenbarkeit der Erlöse ist damit untrennbar
mit der zeitlichen Erstreckung der Aufträge verbunden.

Zur Feststellung der zeitlichen Erstreckung eines Auftrages fehlt nun aber ein ähnlich eindeutiges und präzises
Kriterium, wie es das Identitätsprinzip für die Zurechenbarkeit auf sachliche Objekte darstellt. Beginnt die zeitliche Erstreckung eines Auftrages in jedem Fall mit der
Auftragsannahme? oder bereits mit den Vorverhandlungen
oder erst mit Beginn der Ausführung? Endet die zeitliche
Erstreckung, wenn die letzte Forderung aus dem Auftrag

entstanden ist oder erst (insbesondere bei dubiosen Forderungen) bei Zahlungseingang? Bei diesen Fragen dürfte
in gewissem Umfang ein Ermessensspielraum bestehen.

Die zeitliche Erstreckung ist in einfachen Fällen gering,
so z.B. bei Bugsieraufträgen oder kurzfristig angenommenen
Nebenaufträgen. Sie kann jedoch Monate und Jahre betragen,
da einzelne Aufträge oft zahlreiche und wiederholte Transporte über längere Zeiträume zum Inhalt haben. Dabei sollen hier die innerhalb langfristiger Rahmendispositionen
erhaltenen Aufträge "auf Abruf" nicht als selbständige
Aufträge angesehen werden, weil ihnen im Einzelfall keine
oder doch nur eine sehr eingeschränkte Dispositionsfreiheit der Reederei zugrunde liegt. Der Auftrag im hier verstandenen Sinne wäre in solchen Fällen vielmehr gleich der
Summe jener Einzel- und Teilaufträge[1].

Von besonderem Interesse für die zeitliche Zurechnung
sind die Kalenderperioden als Bezugsobjekt, weil die laufende Einzelerlösrechnung in diese Abschnitte gegliedert
ist. Fällt nun die zeitliche Erstreckung eines Auftrages
in die maßgebende Periode, so sind dessen Erlöse Periodeneinzelerlöse dieser Periode. Liegen jedoch Beginn und/
oder Ende der zeitlichen Erstreckung außerhalb, dann sind
die Erlöse des Auftrages Periodengemeinerlöse dieser Periode.

---

1) Siehe S. 57 f.

## C. Konsequenzen für eine laufende Einzelerlösrechnung

Die Untersuchung der Zurechenbarkeit der Erlöse hat ergeben, daß die Erlöse der Reederei vor allem den ihnen
zugrunde liegenden Aufträgen zurechenbar sind. Es ist
daher Hauptaufgabe einer laufenden Einzelerlösrechnung
der Reederei, die Zurechenbarkeit der Erlöse auf Aufträge
auszuweisen. Das im nächsten Kapitel gezeigte einfache
Beispiel einer solchen Rechnung wird zeigen, daß sich
allein hieraus und in Kombination mit einer geschickten
Gruppierung der Erlöse nach Erlöskategorien eine sehr
aussagefähige Erlösrechnung ergibt.

Während die geringfügigen Einwände, die selbst gegen eine
Zurechenbarkeit auf einzelne Aufträge gelegentlich möglich
sind, im Rahmen einer laufenden Einzelerlösrechnung vernachlässigt werden können, müssen vom Standpunkt einer
Einzelerlösrechnung aus gegen eine weitergehende Zurechnung der Erlöse auf Teilaufträge so schwerwiegende Bedenken erhoben werden, daß eine solche Zurechnung ausscheidet.

In den wenigen Fällen[1], in denen Erlöse ausnahmsweise auf
Teilaufträge zurechenbar wären, bestehen so diffizile Beziehungen der Zurechenbarkeit, daß ihre Erfassung und Darstellung ganz offensichtlich mit sehr hohem Arbeitsaufwand
verbunden wäre. Ohne auf die Technik der Erfassung und
Aufbereitung der zur Durchführung der laufenden Einzelerlösrechnung benötigten Informationen einzugehen, ist nach
den früheren Ausführungen unmittelbar ersichtlich, daß die
Berücksichtigung solcher Ausnahmefälle speziellen Sonderrechnungen vorbehalten bleiben muß. (Die laufende gröbere
Einzelerlösrechnung stellt für solche Rechnungen eine si-

1) Siehe S. 49 ff.

chere Ausgangsbasis dar.) Die laufende Einzelerlösrechnung
wird dadurch nicht falsch, sondern nur geringfügig weniger
aussagefähig, als es mit unverhältnismäßig hohem Arbeitsaufwand an sich möglich wäre.

Auch eine Zurechnung von Erlösen auf einzelne Fahrzeuge
oder Betriebsbereiche scheidet praktisch aus. Die wenigen
Möglichkeiten, die hier für eine Zurechenbarkeit im strengen Sinne bestehen, haben so globalen Charakter, daß sie
ohne Aussagewert sind und schon deshalb außer acht bleiben
können.

Die bei der Reederei mögliche Einzelerlösrechnung ist somit ganz erheblich weniger detailliert und liefert wesentlich weniger und undifferenziertere Informationen als die
bisher übliche Erlösrechnung, die als Gemeinerlösaufteilungsrechnung die Erlöse der Reederei sehr detailliert den
einzelnen Leistungen, Teilleistungen und Betriebsteilen
zuordnet.

In den vorangegangenen Kapiteln wurde aber zu zeigen versucht, daß eine Beschränkung der Erlösrechnung auf den
Ausweis von Einzelerlösen die Brauchbarkeit der Rechnung
nicht schmälert, sondern gerade erhöht. Fragestellungen
nach den Erlösen von Bezugsobjekten, denen Erlöse einzeln
nicht zurechenbar sind, müssen als sachlich unangemessen
angesehen werden. Wenn sie in der laufenden Rechnung nicht
vorbehaltlos positiv beantwortet werden können und sollen,
so erwächst hieraus also kein Nachteil. Die Informationen
der Einzelerlösrechnung haben aber umgekehrt den Vorteil,
daß die zugerechneten Erlöse verläßlich und sachgerecht
interpretiert werden können und keine falschen Vorstellungen über die Zurechenbarkeit der Erlöse erwecken.

Wo Erlöse nicht zurechenbar sind, ist es aussagefähiger
und daher vorzuziehen, anstatt mit fragwürdigen monetären
Größen mit realen Mengenangaben[1] über die betreffenden
Objekte zu rechnen, die nicht durch Bewertung mit fragwürdigen Preisen verfälscht sind. So sind, wenn einem
Fahrzeug keine Erlöse zurechenbar sind, Mengenangaben
über die mit dem Fahrzeug erstellten Leistungen und über
die Ausnutzung seiner Kapazität aussagefähiger als fragwürdige Angaben über die angeblich mit dem Fahrzeug erzielten Erlöse.


D. Einfaches Beispiel einer strengen Einzelerlösrechnung
   bei der Reederei

---

Abschließend wird ein einfaches Beispiel einer Einzelerlösrechnung der Reederei im Schema dargestellt, um eine
Vorstellung darüber zu geben, wie eine strenge Einzelerlösrechnung bei der Reederei aufgebaut werden könnte, die
den gewonnenen Ergebnissen über die Zurechenbarkeit der
Erlöse Rechnung trägt, und die darüber hinaus versucht,
die Erlöse der Reederei entsprechend den Grundsätzen der
Einzelkosten- und Deckungsbeitragsrechnung möglichst zweckmäßig nach Kategorien zu gliedern. Betrachtet wird der Kern
einer solchen Rechnung, der in Anlage 1 wiedergegebene Erlössammelbogen[2].

---

1) Vgl. den analogen Hinweis auf die Bedeutung der Mengenrechnung in der Kostenrechnung bei Fassbender, Wolfgang:
   Betriebsindividuelle Kostenerfassung und Kostenauswertung, Ffm. 1964, S. 33.

2) Der Begriff "Erlössammelbogen" in Anlehnung an den des
   "Kostensammelbogens" bei Riebel (Riebel, Paul: Durch-
   führung und Auswertung der Grundrechnung, a.a.O.
   S. 142).

Das Beispiel gibt nur das Schema für eine Minimalrechnung, das in mehrfacher Hinsicht erweitert und verfeinert werden kann. Trotzdem läßt das Beispiel bereits die klaren und eindeutigen Aussagemöglichkeiten einer strengen Einzelerlösrechnung deutlich werden.

## 1. Die Spalten des Erlössammelbogens

In den Spalten des Erlössammelbogens sind die Bezugsobjekte wiedergegeben, denen die Erlöse der Reederei zurechenbar sind.

Wie dargestellt wird davon ausgegangen, daß alle Erlöse der Reederei auf einzelne Aufträge[1] zurechenbar sind. Von einer Zurechnung der Erlöse auf Teile von Aufträgen wird dagegen abgesehen, weil andernfalls die Möglichkeit einer sachgerechten Interpretation der ausgewiesenen Informationen gemessen an den hier zugrunde gelegten strengen Maßstäben in Frage gestellt wäre. (Käme man dagegen zu der Ansicht, daß man sich über die erwähnten Einwände hinwegsetzen kann, dann wäre eine wesentlich differenziertere Gestaltung des Erlössammelbogens möglich.) Die "kleinsten" hier gewählten Bezugsobjekte für die Erlöse sind somit die einzelnen Aufträge.

Es empfiehlt sich, auch besondere Merkmale der Aufträge auszuweisen, um unmittelbar den Charakter der einzelnen

---

1) Unter Auftrag wird hier eine echte Disposition der Reederei verstanden, mit der eine Leistungsverpflichtung neu eingegangen wird. Aufträge im Rahmen langfristiger Verträge sind dagegen meist Folgeaufträge ("auf Abruf") ohne größere Entscheidungsfreiheit der Reederei so daß in solchen Fällen der zugrunde liegende Rahmenvertrag als Auftrag (Rahmenauftrag) in der hier gemeinten Bedeutung anzusehen ist (siehe S. 57 f.).

Aufträge und der ihnen zurechenbaren Erlöse erkennbar zu
machen. Dabei ist insbesondere an folgende Merkmale zu
denken (wobei die Reihenfolge keine Rangfolge bedeutet):

1. Periodenzugehörigkeit,

2. Auftraggeber,

3. a) beförderte Güterart(en) bei Gütertransporten,
   b) geschleppte(s) Fahrzeug(e) bei Schleppleistungen,

4. Mengen der beförderten Güter (und entsprechende Merkmale der geschleppten Fahrzeuge),

5. zu befahrene   Relation(en),

6. Einstufung des Auftrages als "Hauptauftrag" oder als
   (unterwegs kurzfristig angenommener) "Nebenauftrag",

7. besondere Merkmale der zu erbringenden Leistungen
   (wie Eilbedürftigkeit, Pünktlichkeit der Abfahrt oder
   Ankunft),

8. Kündigungsmodalitäten,

9. erwartete Möglichkeiten einer Verlängerung des Auftrages und akquisitorische Nebenwirkungen.

Aus solchen Merkmalen der Aufträge ist im Einzelfall auch
unmittelbar ersichtlich, welche eigenen Fahrzeuge und welche fremden Schiffahrtsbetriebe zur Ausführung der Transporte in Frage kommen. Auf den besonderen Ausweis solcher
Zuordnungsbeziehungen kann daher verzichtet werden, sofern
die betreffenden Merkmale der Aufträge im Erlössammelbogen
ersichtlich sind.

Es empfiehlt sich, die Aufträge nach den interessierenden
Merkmalen (im Sinne einer vieldimensionalen Erlösstati-
stik[1]) zu gruppieren und damit zugleich die Erlöse nach
übergeordneten Bezugsobjekten (Mehrheiten von Aufträgen
bestimmter Art) zusammenzufassen. Dabei wäre es in einer
einzigen Tabelle zu ünübersichtlich, die Aufträge nach
mehr als 3 Merkmalen zu gruppieren. Im angeführten Erlössammelbogen sind deshalb als Beispiel nur die Merkmale (1),
(2) und (6) berücksichtigt (wobei wiederum die Auswahl und
die Über- und Unterordnung nicht generell als Rangordnung
zu verstehen sind[2]). Die Berücksichtigung weiterer Merkmale müßte in ergänzenden Erlössammelbögen erfolgen.

Besonders wichtig und für eine laufend durchgeführte Einzelerlösrechnung unabdingbar sind die Merkmale (1) bis (6),
zu denen zusammenfassend noch einige Bemerkungen zu machen
sind:

Zu 1.:

Wie bereits dargelegt, sind normalerweise die einem Auftrag
zurechenbaren Erlöse dann Periodeneinzelerlöse, wenn

  a) die Disposition über die Annahme des Auftrages in
     die betreffende Periode fällt und

  b) der Auftrag in der betreffenden Periode erfüllt
     worden ist.

Trifft (a) und/oder (b) nicht zu, dann handelt es sich um
Gemeinerlöse in Bezug auf die betreffende Periode. Der Einzelerlösrechnung werden dabei als Perioden zumeist Kalen-
derzeitabschnitte wie 1 Jahr, 1 Quartal oder 1 Monat zugrunde liegen.

----

1) Siehe hierzu im einzelnen Riebel, Paul: Innerbetriebliche Statistik, a.a.O., S. 54 ff.
2) Immerhin dürfte der Periodenzugehörigkeit eine gewisse
   Vorrangstellung zukommen, da die laufende Erlösrechnung
   periodenbezogen ist.

Bei Aufträgen, deren Erlöse Periodengemeinerlöse sind,
können dabei Erlöse nur soweit eingesetzt werden, wie sie
bis zum Ende der jeweils betrachteten Periode bereits realisiert sind. Das bedeutet, daß Aufträge, deren Periodengemeinerlöse bis zum Ende der Periode erst teilweise realisiert sind, nur in einer vorläufigen Rechnung (" bis
dahin") dargestellt sind. Soweit Aufträge dagegen zu Peri-
odengemeinerlösen geführt haben, die bereits vor Beginn
der betrachteten Periode realisiert worden sind, besteht
eine Wahlmöglichkeit: entweder man beschränkt sich auf den
Ausweis der in der Periode neu hinzugekommenen Erlöse, oder
aber man weist alle bereits realisierten Erlöse kumuliert
aus (wobei bei einer solchen überperiodischen Rechnung
dann die Erlöse verschiedener Perioden nicht addierbar
sind).

## Zu 2.:

Die Gruppierung der Aufträge nach Auftraggebern erleich-
tert es, gegebenenfalls Verbundenheiten zwischen den Aufträgen eines Auftraggebers zu berücksichtigen.

## Zu 3., 4. und 5.:

Die Gruppierung der Aufträge nach Art und Menge der beförderten Güter bzw. nach Art, Anzahl und Beladung der geschleppten Fahrzeuge und ferner die Gruppierung nach den
zu fahrenden Relationen erfolgt zweckmäßig in besonderen
Tabellen als Anlage zum Haupt-Erlössammelbogen.

## Zu 6.:

Es empfiehlt sich, alle jene Aufträge in einer besonderen
Gruppe zusammenzufassen, die jeweils kurzfristig von den
Fahrzeugführern unterwegs angenommen werden. Entsprechend

wird im Haupt-Erlössammelbogen zwischen H a u p t a u f -
t r ä g e n und N e b e n a u f t r ä g e n unterschieden. Erlöse aus solchen Nebenaufträgen haben eine enge
Bindung an die Ausführungsleistungen der Reederei, und
meist ergeben sich hier weitergehende Zurechenbarkeiten.


## 2. Die Zeilen des Erlössammelbogens

Die Gesamterlöse der Reederei sollten außer nach Erlöselementen noch nach weiteren Merkmalen zu Erlöskategorien gegliedert werden. Dabei ist insbesondere an folgende Ge-
sichtspunkte zu denken:

a) Die für einen Auftrag erzielten Erlöse sind überwiegend
   durch die im Auftrag festgelegten Leistungen entsprechend den Tarifen bestimmt. Von der Art der Ausführung
   (Außenbedingungen während der Ausführung, Auswahl der
   Fahrzeuge) der Leistungen sind jedoch abhängig: die
   kleinwasserbedingten Mehrerlöse und bei besonders lan-
   gen Umschlagszeiten die Frachtzuschläge bzw. Liegegelder. Diese Erlöse sollen vereinfacht als 'ausführungsabhängig' (die anderen als 'ausführungsunabhängig')
   bezeichnet und zu besonderen Erlöskategorien zusammengefaßt werden. Entsprechend sind also die Erlöskategorien

   aa) ausführungsunabhängige Erlöse und

   bb) ausführungsabhängige Erlöse

   zu unterscheiden. Während die ausführungsunabhängigen
   Erlöse (aa) von den Dispositionen der Reederei über die
   Art der Ausführung unabhängig sind, sind die ausfüh-
   rungsabhängigen Erlöse (bb) von ihnen teilweise oder
   sogar weitgehend abhängig. Eine ins einzelne gehende

Darstellung dieser Abhängigkeiten der ausführungsab-
hängigen Erlöse (bb) würde jedoch die Möglichkeiten der
laufenden Erlösrechnung übersteigen[1].

b) Die Erlöse können danach, ob sie von der Reederei einbehalten, freiwillig für Fremdleistungen an Dritte weitergegeben oder aufgrund von Verordnungen und Gesetzen
zwangsläufig abzuführen sind, aufgeteilt werden in

aa) einbehaltene Erlöse,

bb) weitergegebene Erlöse und

cc) abzuführende Erlöse.

Während die Reederei bei den abzuführenden Erlösen keine Wahlmöglichkeit hat, diese also zwangsläufig durch-
laufenden Charakter haben, besteht bei den weitergege-
benen und den einbehaltenen Erlösen im Einzelfall eine
Wahlmöglichkeit, ob die Erlöse weitergegeben oder einbehalten werden sollen. Diese Wahlmöglichkeit ist nur
in ganzen gesehen dadurch eingeengt, daß die Kapazität
der Reederei nicht zur Erstellung aller Aufträge aus-
reicht und ferner eine Verpflichtung zur Weitergabe
eines bestimmten Transportanteils an Partikuliere besteht.

Bei dieser Aufteilung der Erlöse ist zu beachten, daß
die Pauschalerlöse zur Verrechnung als einbehaltene Erlöse zu behandeln sind. Die pauschalen Verrechnungser-
löse sind gemäß den tarifpolitischen Überlegungen der
Frachtenausschüsse dazu bestimmt, einige Erlösbestandteile, die entsprechend den Tarifen im Einzelfall
schwanken können, nach versicherungsähnlichen Überlegungen durch gleichbleibende Pauschalen abzudecken. Es

---

1) Siehe S. 49 ff.

ist daran gedacht, daß diese Pauschalen auf Verrechnungskonten gutgeschrieben werden, aus denen dann die in der Höhe schwankenden Zahlungen erfolgen.

Diese Überlegungen bei der Festsetzung der genannten Pauschalen ändern jedoch nichts daran, daß der im Einzelfall eines Transportes erzielte Erlös insoweit nur in der Pauschale besteht. Wenn bei Fremderstellung solcher Transporte entsprechende Zahlungen zu leisten sind, dann sollten diese schon deshalb nicht als weitergegebene Erlöse behandelt werden, weil im Einzelfall die Zahlungen die erzielten Erlöse z.T. erheblich überschreiten können. So können in typischen Kleinwasserjahren die erlösten Kleinwasserpauschalen weit unter den zu zahlenden Kleinwasserzuschlägen liegen.

III. Die Zurechenbarkeit der Kosten in der Einzelkostenrechnung

---

Bei der bisher behandelten Einzelerlösrechnung, mit der
die Werteentstehung der Reederei möglichst wirklichkeitsgerecht und genau abgebildet werden soll, lagen die Hauptprobleme bei der Zurechenbarkeit der Erlöse. Analog werden
bei der Einzelkostenrechnung, mit der der Werteverzehr
möglichst wirklichkeitsgerecht und genau abgebildet werden
soll, und deren Grundlagen jetzt dargestellt werden sollen,
die Hauptprobleme bei der Zurechenbarkeit der Kosten liegen.

Als Bezugsobjekt für die Zurechnung des Werteverzehrs kommen wiederum die Aufträge, die Leistungen und die Betriebsbereitschaft in Betracht. Dabei ist auf eine Besonderheit
bei den Leistungen hinzuweisen, die bei der Kostenzurechen-
barkeit von Bedeutung ist: grundsätzlich kann jede Leistung unter zwei verschiedenen Aspekten gesehen werden,
nämlich

1. als "Effekt", der mit der Leistung bewirkt wird, und

2. als reine Tätigkeit (reiner Vorgang), gedanklich losgelöst von dem hiermit bewirkten Effekt.

Eine solche Unterscheidung[1] mag zunächst etwas theoretisch oder sogar spitzfindig anmuten. Diese Doppelnatur
der Leistungen wird sich jedoch bei der Zurechenbarkeit
von Kosten auf Leistungen als sehr wichtig erweisen.

---

1) Vgl. hierzu Diederich, der in ähnlicher Weise zwischen
   Leistung als Prozeß oder Tätigkeit und Leistung als
   Ergebnis eines Prozesses unterscheidet (Diederich,
   Helmut: Zur Theorie des Verkehrsbetriebes, in ZfB,
   36. Jg. 1966, 1. Erg.H., S. 38).

So besteht die Ausführung eines bestimmten Gütertransportes an sich betrachtet einfach im Ablauf einer Summe
von Vorgängen. Dieser können bestimmte Kosten zurechenbar sein. Zugleich beinhaltet der Gütertransport aber auch
das Ergebnis, daß eine bestimmte Gütermenge ihren Standort
gewechselt hat, womit z.B. ein Auftrag oder Teilauftrag
ausgeführt sein kann. Es ist nun durchaus nicht selbstverständlich, daß die Kosten, die dem Ablauf der Transport-
vorgänge zurechenbar sind, zugleich auch diesem Leistungs-
ergebnis zurechenbar sind. (Es wird sich zeigen, daß hier
erhebliche Schwierigkeiten bestehen können.) Spricht man
aber einfach von dem 'Gütertransport' als Bezugsobjekt für
Kosten, dann ist eben nicht deutlich, in welcher der beiden möglichen Bedeutungen diese Leistung gemeint ist.

Dabei ist eine solche Ausführung eines Gütertransportes
selbst der Effekt (das Ergebnis) verschiedener Teilleistungen und vorgelagerter Leistungen, die ihrerseits diese
Ausführung bewirken. Letzten Endes bestehen also ganze
Hierarchien[1] von solchen 'Tätigkeiten' und 'Effekten',
deren letzter Zweck immer[2] die Erfüllung von Kundenaufträgen ist.

Leistungen im Sinne von 2., also im Sinne einer Tätigkeit oder eines Vorganges, sollen in dieser Arbeit als
'Ausführungsleistungen' bezeichnet werden. Leistungen im

---

1) Besonders deutlich wird das im Kapitel über die Zurechenbarkeit der Treibstoffkosten (siehe S. 113 ff.).
2) Dabei können die Leistungen der Erfüllung von Aufträgen aber auch nur mittelbar dienen, indem sie direkt nicht die Erfüllung bestimmter Aufträge, sondern
   die Schaffung oder Erhaltung der Betriebsbereitschaft
   (zur Erfüllung von Aufträgen) bezwecken, wie noch zu
   zeigen sein wird.

Sinne von  1., also im Sinne eines Effektes oder einer
Wirkung, könnten als 'Leistungseffekte' bezeichnet werden.
Zur Vermeidung dieses etwas unschönen Begriffes und in
Ermangelung eines besseren Begriffes soll jedoch i.d.R.
einer verbalen Umschreibung der Vorzug gegeben werden.

Von Interesse dürfte in diesem Zusammenhang das Begriffs-
paar Marktleistung - Betriebsleistung sein. Der Begriff
Marktleistung umfaßt ausschließlich Leistungseffekte (aus
der Sicht der diese erstellenden Unternehmung). Er ist
jedoch enger als der Begriff des Leistungseffektes, weil
eben auch im internen Leistungsbereich Leistungseffekte
gesehen werden müssen. Betriebsleistungen sind dagegen
sowohl Leistungseffekt wie Ausführungsleistung. Zudem
können Ausführungsleistungen auch in Fremdleistungen Dritter bestehen.

Bevor nun die Zurechenbarkeit der Kosten der Reederei auf
eben diese Bezugsobjekte, also auf Aufträge, Leistungen
(in beiderlei Bedeutung) und Betriebsteile behandelt wird,
soll zunächst kurz gezeigt werden, welche Bedeutung der
Zurechenbarkeit von Kosten auf diese Bezugsobjekte zukommt und in welcher Reihenfolge sie am zweckmäßigsten
zu behandeln ist.

Eine Zurechnung von Kosten auf Aufträge ist vor allem in
Hinblick auf eine Gegenüberstellung mit den Erlösen und
damit für die Ergebnisermittlung wünschenswert. Denn wie
im vorigen Kapitel gezeigt, lassen sich die Erlöse von
den genannten Bezugsobjekten nur den Aufträgen zurechnen.
Daraus folgt, daß sich Deckungsbeiträge für Leistungen
oder Betriebsteile nicht ermitteln lassen.

Einer direkten Zurechnung von Kosten auf Aufträge sind in
einer Einzelkostenrechnung jedoch enge Grenzen gesetzt.

Dies hängt damit zusammen, daß die Kosten, von wenigen
Ausnahmen abgesehen, nicht mit der Hereinnahme von Aufträgen anfallen, sondern mit der tatsächlichen Ausführung der Aufträge, d. h. mit der Erbringung der einzelnen Ausführungsleistungen einerseits und der Bereithaltung der Betriebsteile andererseits. Es wird daher zu
prüfen sein, ob eine Zurechnung auf Aufträge auf dem
Umweg über die Ausführungsleistungen und die Betriebsteile möglich ist.

Einer Zurechnung von Kosten auf Leistungen und Betriebsteile kommt aber darüber hinaus auch ein selbständiger
Erkenntniswert zu. Es ist für die Reederei wichtig, sowohl für Dispositionen als auch für Kontrollen die Kosten
zu kennen, die für einzelne Leistungen und Betriebsteile
anfallen. Dabei ist nicht nur an solche Leistungen zu
denken, die unmittelbar der Durchführung von Aufträgen
dienen, wie z.B. eine bestimmte Fahrt eines eigenen Fahrzeuges bei bestimmter Beladung oder entsprechende Fremdleistungen Dritter. Zu denken ist hier auch an die viel-
fältigen mittelbaren und vorgelagerten Leistungen wie
Leerfahrten eigener Fahrzeuge, Reparaturen an Fahrzeugen
und die Bereithaltung der Kapazitäten.

Im folgenden wird zunächst untersucht, inwieweit die Kosten den Ausführungsleistungen und den Betriebsteilen
zurechenbar sind. Dabei wird nach Kostenartengruppen
differenziert. In einem zweiten Schritt soll dann die
Zurechenbarkeit auf Aufträge und Teile von Aufträgen ge-
prüft werden.

## A. Die Kostenarten der Reederei

Der Kontenrahmen[1]) der Binnenschiffahrt zählt in der
Kontenklasse 4 folgende Kostenarten auf:

"40 Personalkosten
    400 Gehälter
    401 Löhne
    402 Gesetzl. sozial. Abgaben
    403 Freiwillige soz. Aufwendungen
    404 Vertragliche Pensionen

 41 Stoffverbrauch
    410 Bunkerkohlen
    411 Treibstoffe (flüssige)
    412 Schmieröle f. Maschinen u. Motoren
    413 Schiffs- und Werkstattmaterial

 42 Reparaturkosten

 43 Versicherungskosten
    430 Maschinenversicherung
    431 Haftpflichtversicherung
    432 Feuerversicherung
    433 Diebstahl- u. Einbruchversicherung
    434 Personenwagenversicherung
    435 Kreditversicherung

 44 frei

 45 Verwaltungsgemeinkosten
    450 Grundstücks- und Gebäudekosten
        4500 Mieten und Pachten
        4501 Heizung
        4502 Reinigung
        4503 Beleuchtung, Strom, Wasser, Gas

    451 Postkosten
        4510 Fernsprechgebühren u. Telegramme,
             Fernschreibgebühren
        4511 Mieten für Fernsprechanlagen und
             Fernschreiber
        4512 Unterhaltungs- u. Überwachungskosten
             der Fernsprech- und -schreibanlagen
        4513 Porti und sonstige Postgebühren

    452 Reise-, Repräsentations- und Werbungskosten
    453 Personenwagenkosten (Reparaturen u. Betrieb)

---

1) Zitiert nach: Kirchgässer, Wilhelm, u.a.:
   Kontenrahmen ..., a.a.O., S. 115 f.

454 Bürokosten
    4540 Drucksachen, Büromaterial
    4541 Bücher, Zeitungen, Zeitschriften
    4542 Sonstige Bürokosten

455 Beiträge an Berufsvertretungen, Prüfungs-
und Rechtskosten
    4550 Beiträge an Berufsvertretungen
         (incl. Handelskammer)
    4551 Prüfungskosten
    4552 Rechtskosten

456 Aufsichtsratvergütungen

457 frei

458 Geldverkehrskosten

459 Sonstiges

46 Betriebsgemeinkosten

47 Sonstige Kosten des Schiffahrtsbetriebes
470 Reiseauslagen
    4700 Steuermann- (Lotsen-) Gelder
    4701 Hafengelder
    4702 Abfertigungsgebühren
    4703 Vorspann- u. Schlepphilfe beim Aufnehmen
    4704 Kleine Auslagen

471 Mieten an Fremdschiffer

472 Frachten an Fremdschiffer

473 Schlepplöhne

474 Bugsierlöhne

475 Kanalkosten

476 Transportbedingte Sonderkosten
    4760 Transportversicherung
    4761 Speditionsversicherung
    4762 Umschlag- und Leichterkosten
    4763 Organisationsgebühren

477 Provisionen

48 Sonstige Kosten
480 Umsatzsteuer

49 Kalkulatorische Kostenarten
490 .Kalkulatorische Zinsen
491 Kalkulatorische Abschreibungen
492 Kalkulatorischer Unternehmerlohn
493 Kalkulatorische Wagnisse
494 Kalkulatorische Steuern"

Viele dieser Kostenarten sind jedoch gemessen an ihrem
Anteil an den Gesamtkosten bei der Reederei relativ unbedeutend, das Schwergewicht liegt bei einigen wenigen
Kostenarten. So haben allein die an Fremdschiffer zu
zahlenden Entgelte einen Anteil von 50 % an den Gesamtkosten, die Personalkosten von 20 % und die Treib- und
Schmierstoffkosten von 5 %. Diese wichtigen Kostenarten
bzw. Kostenartengruppen sind zunächst zu behandeln. Von
den übrigen Kostenarten wird dann nur den Organisationsgebühren und einigen ähnlichen Kostenarten, obwohl sie
zusammen lediglich 2 % der Gesamtkosten ausmachen, ein
besonderes Kapitel gewidmet, denn ihre Zurechenbarkeit
weist wesentliche Besonderheiten auf. Die restlichen
Kostenarten sollen dagegen gemeinsam und relativ global
untersucht werden. Auf die Problematik des vorliegenden
Kontenrahmens soll im folgenden nicht eingegangen werden.


B. Die Zurechenbarkeit der Kosten auf Ausführungsleistungen
   und Betriebsteile

---

1. An Fremdschiffer zu zahlende Entgelte

Die an Fremdschiffer zu zahlenden Entgelte setzen sich,
ebenso wie die Erlöse der Reederei selbst, aus folgenden
Kostenarten zusammen:

1. Selbstfahrersatz
2. Tankfracht
3. Verschiedene Schlepplöhne
4. Kleinwasserzuschläge
5. Frachtzuschläge
6. Liegegelder
7. Bugsierlöhne
8. Sonstige Kosten (z.B. Partiezuschläge).

Die Zurechenbarkeit dieser Kosten auf die einzelnen Fremdleistungen (im Sinne von Ausführungsleistungen) ist unproblematisch, da sie jeweils für eine ganz bestimmte vom
Fremdschiffer ausgeführte Leistung zu entrichten sind, und
die Reederei bei der Frage, welche Leistungen fremd erstellt werden sollen, selbst in Hinblick auf einzelne
Teilleistungen isoliert entscheiden kann[1]. Diese Kosten
sind also auch für Teilleistungen einzeln disponierbar.

Die Leistung des Fremdschiffers kann beispielsweise darin
bestehen, einen beladenen Kahn der Reederei von A nach B
zu schleppen. Wie im Erlösteil im einzelnen dargelegt
worden ist, ergeben sich die hierfür von der Reederei zu
entrichtenden Entgelte aus den Tarifen. Dabei sind auch
gewisse Nebenbedingungen wie beispielsweise der Wasserstand von Bedeutung. Diese Nebenbedingungen müssen als
Bestandteile oder Merkmale der erbrachten Leistungen auf-
gefaßt werden. So stellt das Schleppen eines Kahnes bei
Niedrigwasser eine andere Leistung dar als das Schleppen
bei normalem Wasserstand.

Mit der Feststellung der Zurechenbarkeit der an Fremdschiffer zu zahlenden Entgelte auf einzelne Ausführungsleistungen ist freilich noch nicht gesagt, daß diese Kosten auch den mit diesen Ausführungsleistungen bewirkten
"Effekten" zurechenbar sind, also insbesondere der Er-

---

1) Ausnahmen wären jedoch bei Dauerbeschäftigungsver-
trägen mit Fremdschiffern gegeben, weil bei diesen
von seiten der Reederei über die Vergabe einer Vielzahl von Fremdleistungen in ihrer Gesamtheit disponiert wird. Solche Fälle der Verbundenheit zwischen
verschiedenen Leistungen sind in ihrer analogen Ent-
sprechung auf der Erlösseite bereits diskutiert worden
(S. 57 ff.). Sie haben bei der Reederei praktisch keine
Bedeutung.

füllung der hierbei ausgeführten Aufträge. (Die gleiche
Frage erhebt sich auch bei den anderen im folgenden behandelten Kosten, die auf Ausführungsleistungen zurechenbar sind.) Die Zurechenbarkeit der Kosten der Ausführungsleistungen auf Aufträge ist vielmehr ein zusätzliches Problem, das in einem anschließenden Kapitel untersucht wird.


## 2. Personalkosten

Der Kontenrahmen unterscheidet im einzelnen folgende Per-
sonalkostenarten[1]:

"1. L ö h n e   u n d   G e h ä l t e r

    Grundlöhne
    Grundgehälter
    Berufsgruppen- und Chargenzuschläge
    Verheirateten- und Kinderzulagen

    A u s f a l l ö h n e   u n d   - g e h ä l t e r

    infolge Urlaub, Krankheit, Eheschließung,
    Geburt, Tod usw.

    N e b e n v e r g ü t u n g e n

    Wachgelder
    Hitzezulagen
    Kesselwaschen
    Ölwechsel usw.
    Feuerbrückenbauen
    Havariearbeiten
    Gaszulagen
    Nichtfeuerzulagen bei Tankschiffen
    Baselfahrtzulagen
    tariflich festgelegtes Reisegeld zum Heimatort
    Landganggelder

2. Ü b e r s t u n d e n

    Mehrarbeit
    Nachtarbeit
    Sonntagsarbeit
    Sonntagsfahrt
    Feiertagsfahrt

---

1) Zitiert nach: Kirchgässer, Wilhelm u. a., a.a.O., S. 37 f

3. G r a t i f i k a t i o n e n

4. g e s e t z l i c h e    s o z i a l e
   A b g a b e n

5. f r e i w i l l i g e    s o z i a l e
   A u f w e n d u n g e n "

Es werden im folgenden nur die unternehmenstypischen Personalkosten des fahrenden Personals behandelt, die sich aus den genannten Kostenarten zusammensetzen. Die Überlegungen sind auf die wesentlich einfacheren Verhältnisse in den übrigen Bereichen ohne weiteres übertragbar.

Das Flottenpersonal besteht in erster Linie aus dem Stammpersonal, das in einem festen (auf Dauer angelegten) Arbeitsverhältnis mit der Reederei steht. Nur aushilfsweise werden kurzfristig und vorübergehend Hilfsfachkräfte angeheuert. Es gibt verschiedene Berufsgruppen[1], die gegliedert werden können nach:

Gehaltsempfängern (Kapitäne, Schiffsführer, erste Maschinisten und Alleinmaschinisten),

Lohnempfängern (erste Steuerleute, zweite Maschinisten, Rudergänger, Menageleute, Matrosen mit Patent, Matrosen-Motorwarte und Matrosen) und

Lehrlingen (Schiffsjungen).

Für die einzelnen Fahrzeugtypen ist jeweils eine bestimmte Besatzung vorgeschrieben, die je nach der Betriebsweise und mitunter auch nach der befahrenen Relation verschieden

---

1) Siehe: Gehalts- und Lohntabellen für die deutsche Binnenschiffahrt (Fracht- und Personenschiffahrt), gültig ab 1. Juli 1969, Veröffentlichung der Gewerkschaft Öffentliche Dienste, Transport und Verkehr, ohne Ort und ohne Jahr, S. 2.

sein kann[1]. Danach müssen auf fahrenden Binnenschiffen
die einzelnen Berufsgruppen in bestimmter Anzahl vertreten sein. Nur ausnahmsweise darf mit Einwilligung der
Wasserschutzpolizei mit Unterbemannung gefahren werden,
wobei dann an die Besatzungsmitglieder zusätzlich bestimmte Pauschalbeträge zu vergüten sind.

Die Besatzungsmitglieder sind meist nicht sehr lange auf
einem bestimmten Fahrzeug beschäftigt, sondern wechseln
relativ häufig zwischen den Fahrzeugen der Reederei. Dabei
kommt es auch vor, daß einzelne Besatzungsmitglieder eine
höhere Qualifikation aufweisen, als es aufgrund der gesetzlichen Vorschriften notwendig ist.

Für die Dispositionen über Anstellung und Einsatz des
Flottenpersonals und dessen Vergütung sind die Vorschriften des Rahmentarifvertrages für die deutsche Binnenschifffahrt[2] über die zu zahlenden Entgelte, die Einsatzzeit
(mit ihren Rückwirkungen auf die Entgelte) und sonstige
Regelungen (z.B. Kündigungsfristen) maßgebend. Auf diese
z. T. recht komplizierten Vorschriften ist daher im folgenden näher einzugehen. Abgesehen wird dabei von den besonderen Regelungen für das Personal in der ständigen
Fahrt (Continuefahrt).

---

1) Siehe Untersuchungsordnung für Rheinschiffe und Flöße,
   Bundesgesetzblatt (BGBl) 1950 II, S. 371 in der Fassung vom 5. Juni 1965 (BGBl II, S. 705) und ferner
   22. Änderung hierzu in BGBl II vom 24.7.66,
   S. 135-137.
2) Rahmentarifvertrag für die deutsche Binnenschifffahrt (Fracht- u. Personenschiffahrt), gültig ab
   1. Juli 1969, Veröffentlichung der Gewerkschaft Öffentliche Dienste, Transport und Verkehr, ohne Ort und
   ohne Jahr.

In Hinblick auf die Zurechenbarkeit der Personalkosten
empfiehlt es sich, die folgenden Kategorien von Personalkosten zu unterscheiden und gesondert zu untersuchen:

a) Einsatzunabhängige Personalkosten:

Hierunter werden alle Arten von Personalkosten zusammengefaßt, die zwangsläufig anfallen, wenn einzelne Besatzungsmitglieder im Arbeitsverhältnis mit der Reederei
stehen, und die davon unabhängig sind, wofür und in
welchem Ausmaß sie im Rahmen der jeweiligen Arbeits-
verträge eingesetzt sind.

Da die einsatzunabhängigen Personalkosten verschieden
hoch sind, je nach dem, ob ein Besatzungsmitglied für
Arbeitsleistungen zur Verfügung steht oder aber abwe-
send ist (Urlaub, Krankheit, Berufsschule), können sie
weiter untergliedert werden in

aa) einsatzunabhängige Personalkosten während der Arbeitsbereitschaft und

bb) einsatzunabhängige Personalkosten während der Abwesenheit.

b) Einsatzabhängige Personalkosten:

Hierunter werden alle Arten von Personalkosten zusammengefaßt, die zwangsläufig über die unter (a) genannten
Personalkosten hinaus anfallen, wenn die im Arbeitsverhältnis stehenden Besatzungsmitglieder in bestimmter
Art und Weise eingesetzt werden.

Diese Kategorien haben etwa folgenden Anteil an den Personalkosten der Reederei:

einsatzunabhängige Personalkosten:   60 %
einsatzabhängige Personalkosten:   35 %
sonstige Personalkosten:   5 %
100 %
=====

Bei den "sonstigen Personalkosten" handelt es sich vorwiegend um (einsatzunabhängige) freiwillige soziale Auf-
wendungen, auf die nicht näher eingegangen wird.


## a) Einsatzunabhängige Personalkosten


## aa) Abgrenzung

Einsatzunabhängig sind jene Personalkosten, die bei Bestehen der Arbeitsverhältnisse zwangsläufig anfallen, unabhängig vom Einsatz des Personals. Als einsatzunabhängig
kommen folgende Kostenarten in Betracht:

1. Grundverdienste

2. Mehrarbeitspauschalen

3. Garantieverdienste

4. tariflich festgelegte Reisekosten zum Heimatort.

Zu 1.:

Für alle Berufsgruppen sind im Tarifvertrag[1] Grundverdienste (Grundgehälter und -löhne) festgelegt, differenziert nach Familienstand[2] und Dauer der Berufszugehörig-
keit, unabhängig vom Einsatz des Personals. Dabei sind

---

1) Siehe Gehalts- u. Lohntabellen ..., a.a.O., S. 2 f.
2) Verheiratete Besatzungsmitglieder erhalten eine Zu-
lage von 10 % vom Grundlohn bzw. Grundgehalt
(siehe Tarifvertrag ..., a.a.O., § 15,2).

für Kapitäne und Schiffsführer der Fahrzeuge nach Art und
Größe der Fahrzeuge verschiedene Berufsgruppen und entsprechend verschiedene Grundverdienste festgesetzt. Wird
aber z.B. ein Schiffsführer vorübergehend auf einem kleineren Fahrzeug eingesetzt, als es der Berufsgruppe entspricht, in der er angestellt ist, so bezieht er insoweit
nicht das geringere Gehalt der niedrigeren Berufsgruppe.
Die Höhe des zu zahlenden Grundverdienstes liegt vielmehr
mit dem Abschluß des Arbeitsvertrages fest.

Zu 2.:

Für·alle Berufsgruppen sind im Tarifvertrag[1] außer dem
Grundverdienst "Pauschalvergütungen für Mehrarbeit" vorgesehen, mit denen über die tägliche Schichtzeit hinaus
anfallende Mehrarbeit an Werktagen (Fahrt, Laden, Löschen,
Bordarbeit, Reparaturarbeiten an Bord, Bereitschaftszeiten,
Pausen) innerhalb bestimmter Grenzen abgegolten wird. Da
diese Pauschalvergütungen aber auch zu zahlen sind, wenn
keine Mehrarbeit anfällt, sind sie insofern als einsatzunabhängig anzusehen.

Die Pauschalvergütungen sind aber andererseits je nach dem
Fahrzeugtyp, auf dem der Einsatz in einem Kalendermonat
"überwiegend" erfolgt, verschieden hoch und insofern also
einsatzabhängig: sie betragen bei Schleppern 14,7 % und
bei allen übrigen Fahrzeugen 23 % vom Grundlohn bzw. Grundgehalt. Streng genommen ist daher nur die Mehrarbeitspauschale, die mindestens zu zahlen ist, als einsatzunabhängig anzusehen, also 14,7 % vom Grundlohn bzw. -gehalt,
während der diesen Anteil übersteigende Betrag einsatzabhängig ist.

---

1) Siehe Tarifvertrag ..., a.a.O., § 17,1).

Die Pauschalvergütungen für Mehrarbeit entfallen während
Urlaub, Berufsschulbesuch, freien Tagen und Arbeitsver-
hinderung durch Krankheit und aus sonstigen Anlässen[1].

Zu 3.:

Allen Berufsgruppen außer den Schiffsjungen sind im Tarifvertrag[2] Mindestverdienste in Höhe von 120 % der tariflichen Grundverdienste (bei Verheirateten einschließlich
der Verheiratetenzulage) garantiert. Die Gewährung dieser
Garantieverdienste erfolgt, wenn die Summe aus Grundverdienst und den sonstigen tariflichen Vergütungen (außer
Entgelten für Sonn- und Feiertagswachen und des halben Urlaubszuschlages) den Garantieverdienst nicht bereits über-
steigt.

Während des Urlaubs beträgt der Garantieverdienst 140 %
des Grundlohnverdienstes[3].

Zu 4.:

Im Tarifvertrag[4] ist festgelegt, daß verheirateten Besatzungsmitgliedern viermal und ledigen zweimal im Jahr
nach bestimmten Bedingungen Reisegeld (Fahrtkosten) zum
Heimatort zu gewähren ist. Die Höhe dieses Reisegeldes
ist streng genommen davon abhängig, von welchem Ort aus
die Heimreise angetreten wird, insofern also vom Einsatz
der Besatzungsmitglieder nicht unabhängig. Im allgemeinen kann dieser Gesichtspunkt aber beim Einsatz des Per-

---

1) Die Pauschalvergütung entfällt ferner, sofern das Fahrzeug, auf dem ein Besatzungsmitglied beschäftigt ist,
   nicht an mindestens einem Tag im Kalendermonat eingesetzt ist. Diese praktisch unbedeutende Einschränkung
   wird hier vernachlässigt.
2) Siehe Tarifvertrag, a.a.O., § 23.
3) Siehe ebenda, §§ 19, 20.
4) Siehe ebenda, § 22,7.

sonals nicht berücksichtigt werden, vor allem, da der Ort,
von dem aus die Heimreise jeweils angetreten wird, wesentlich von der Wahl der Besatzungsmitglieder abhängig ist.
Das tarifliche Reisegeld zum Heimatort wird hier als einsatzunabhängig angesehen. (Reisekosten, die aus betrieblichen Gründen entstehen, wie z.B. bei Beorderung eines Er-
satzmannes zu einem fernab liegenden Schiff, gehören dagegen überhaupt nicht zu den Personalkosten[1].)

Bei der derzeitigen Höhe der Grundverdienste, der Pauschalvergütungen für Mehrarbeit und der Garantieverdienste überschreiten die Garantieverdienste während der Zeit der Arbeitsbereitschaft bei allen Besatzungsmitgliedern die Summe
aus Grundverdienst und Mehrarbeitspauschale (soweit diese
einsatzunabhängig ist)[2]. Die einsatzunabhängigen Personalkosten setzen sich daher zusammen aus[3]

    den Garantieverdiensten und

    dem tariflich festgesetzten Reisegeld zum Heimatort.

Diese einsatzunabhängigen Personalkosten sind nun aber
nicht gleich hoch für alle Angehörigen einer Berufsgruppe,
sondern abhängig von Familienstand und Dauer der Berufs-
zugehörigkeit. Das ist für die Zurechenbarkeit der einsatzunabhängigen Personalkosten von Bedeutung.

---

1) Siehe Kirchgässer, Wilhelm, u.a., a.a.O., S. 38
2) Während der Abwesenheit durch Urlaub und Krankheit ist
   ohnehin nur das Garantieverdienst zu bezahlen (140 %
   des Grundverdienstes; während der Arbeitsbereitschaft
   beträgt es nur 120 %).
3) Vernachlässigte Ausnahme sind die Schiffsjungen, für
   die eine Regelung über Garantieverdienst nicht besteht.
   bei ihnen setzen sich die einsatzunabhängigen Personalkosten daher zusammen aus: Grundverdienst, Mehrarbeitspauschale und tariflichem Reisegeld.

### bb) Zurechenbarkeit

Die einsatzunabhängigen Personalkosten sind auf die Einstellung von Personal bzw. auf die Unterlassung der Kündigung von vorhandenem Personal zurückführbar. Sie sind zunächst einmal der Leistungsbereitschaft der Arbeitskräfte selbst einzeln zurechenbar[1]. Zugleich werden sie für die Wahl eines bestimmten Grades der Betriebsbereitschaft der Flotte der Reederei in Kauf genommen. Als Bereitschaftskosten sind sie daher zwar der Betriebsbereitschaft (zur Erstellung erwarteter Leistungen) zurechenbar, nicht aber den mittels dieser Betriebsbereitschaft tatsächlich ausgeführten Leistungen (Kostenträgern).

Es stellt sich die Frage, wie die einsatzunabhängigen Personalkosten der Betriebsbereitschaft der Flotte im einzelnen zurechenbar sind.

Wenn die Reederei nur über ein einziges Fahrzeug und eine Besatzung hierfür verfügen würde, dann wären die einsatzunabhängigen Personalkosten diesem Fahrzeug als Einzelkosten zurechenbar (genauer: der Leistungsbereitschaft dieses Fahrzeuges).

Die Reederei verfügt aber über mehr als ein Fahrzeug. Auch hier wären die einsatzunabhängigen Personalkosten den einzelnen Fahrzeugen zurechenbar, wenn jedes Besatzungsmitglied für ein bestimmtes Fahrzeug eingestellt wäre und nicht auf anderen Fahrzeugen eingesetzt werden könnte.

---

1) Auf das Problem, daß auch während der Abwesenheit (Urlaub, Krankheit) einsatzunabhängige Vergütungen anfallen, wird am Ende dieses Kapitels bei der Zurechenbarkeit auf Zeitabschnitte eingegangen.

Die Besatzungsmitglieder wechseln jedoch zwischen den einzelnen Fahrzeugen der Reederei. Jedem Arbeitsplatz[1] wären
bestimmte einsatzunabhängige Personalkosten deshalb nur
dann zurechenbar, wenn die einzelnen Arbeitsplätze stets
mit solchen Arbeitskräften besetzt werden würden, die
gleich hohe einsatzunabhängige Personalkosten aufweisen.

Nun werden aber die einzelnen Arbeitsplätze abwechselnd
mit Personal besetzt, das unterschiedlich hohe einsatzunabhängige Personalkosten aufweist. Wenn hierbei für jeden
einzelnen Arbeitsplatz jeweils nur das Personal einer bestimmten Berufsgruppe in Frage käme (das nach persönlichen Markmalen jeweils verschieden hohe einsatzunabhängige Personalkosten aufweist),dann wäre eine gruppenweise
Zurechnung möglich: die Gesamtheit der einsatzunabhängigen
Personalkosten des Personals der einzelnen Berufsgruppen
wäre der Gesamtheit der von diesen jeweils zu besetzenden
Arbeitsplätze zurechenbar, also allen Fahrzeugen, auf denen ein der jeweiligen Berufsgruppe entsprechender Arbeitsplatz vorhanden ist. (Die einsatzunabhängigen Personalkosten der Maschinisten z.B. wären dann grundsätzlich nicht
auf Kähne zurechenbar, sondern nur auf Fahrzeuge, bei denen der Arbeitsplatz eines Maschinisten vorgesehen ist.)

Die Arbeitskräfte werden jedoch nicht nur auf Arbeitsplätzen eingesetzt, die ihrer Berufsgruppe entsprechen, sondern
aushilfsweise auch auf Arbeitsplätzen anderer Berufsgruppen,
und zwar insbesondere solchen mit geringerer Qualifikation.

---

1) Zu Versuchen, die Personalkosten im Rahmen der herkömmlichen Kostenrechnung auf Teile von Fahrzeugen oder auf
   funktionale Teile der Transportleistungen (z.B. Raumgestellung, Fortbewegung) zuzurechnen, siehe Haiber, Erich,
   a.a.O., S. 73; Kachelhofer, Frederick Charles: Betriebskostenvergleich in der Rheinschiffahrt (Schleppbetrieb-
   Motorgüterboot), Diss. Bern 1949, S. 47. Daß solche Ver-
   suche aus der Sicht der Einzelkosten- und Deckungsbeitragsrechnung abzulehnen sind, geht aus den folgenden
   Überlegungen hervor.

Daher ist die Gesamtheit der einsatzunabhängigen Personalkosten des Personals aller Berufsgruppen nur der Gesamtheit aller bereitgehaltenen Fahrzeuge der Reederei zurechenbar. Die unter den vereinfachenden Annahmen zunächst
dargestellten weiterreichenden Zurechnungsmöglichkeiten
scheiden unter den Betriebsverhältnissen der Reederei damit aus.

Zu dem gleichen Ergebnis kommt man, wenn·man außer dem
Stammpersonal auch das vorübergehend angeheuerte Ersatz-
personal berücksichtigt:

Einsatzunabhängige Personalkosten fallen nicht nur für das
Stammpersonal, sondern auch für vorübergehend angeheuerte
Ersatzleute an. Augenscheinlich werden diese Ersatzleute
für ganz bestimmte Fahrzeuge (und oft auch für ganz bestimmte Leistungen) angeheuert. Dennoch sind ihre einsatzunabhängigen Personalkosten nicht dem betreffenden Fahrzeug zurechenbar. Welcher Arbeitsplatz auf einem bestimmten Fahrzeug mit einem Ersatzmann besetzt wird, ist nämlich
nicht unabhängig von dem Einsatz des Stammpersonals auf den
übrigen Fahrzeugen. Wenn auch nicht alle Arbeitskräfte zur
Besetzung eines Fahrzeuges in gleicher Weise geeignet sind
(und manche z.B. aufgrund ihres jeweiligen Aufenthaltsortes
praktisch ausscheiden), so ist letzten Endes der Personal-
einsatz doch auf alle Fahrzeuge und das gesamte zu erbrin-
gende Leistungsprogramm ausgerichtet. Besteht auf einem
bestimmten Fahrzeug eine Lücke, die nicht durch Stammpersonal geschlossen wird, dann ist dieser Umstand daher nicht
dem betreffenden Fahrzeug zurechenbar. Wird die Lücke durch
einen Ersatzmann geschlossen, so sind dessen einsatzunabhängige Personalkosten ebenfalls nicht dem betreffenden

Fahrzeug zurechenbar[1]. Sie sind vielmehr wie die einsatzunabhängigen Personalkosten des Stammpersonals nur der Gesamtheit der bereitgehaltenen Fahrzeuge der Reederei zurechenbar.

Es sei nun aber bereits hier darauf hingewiesen, daß
selbstverständlich in Ergänzung zu einer strengen Einzelkostenrechnung Kostenstatistiken möglich sind, die eine
weitergehende Zuordnung (bei bestimmten Annahmen und Fiktionen) vornehmen, ohne daß dem eine Zurechenbarkeit im
Sinne des Identitätsprinzips zugrunde liegt. Dabei dürfte
in diesem Zusammenhang folgender Gedanke der Zuordnung von
besonderem Interesse sein:

Insoweit zur Besetzung eines Arbeitsplatzes Personal mit
unterschiedlich hohen einsatzunabhängigen Personalkosten
in Frage kommt, müssen zur Besetzung m i n d e s t e n s
die einsatzunabhängigen Personalkosten des "billigsten"
möglichen Besatzungsmitgliedes in Kauf genommen werden.
Diese Kosten wären (im Sinne einer Untergrenze) dem einzelnen Arbeitsplatz zuordenbar, und die Mehrkosten, die
über diese Untergrenze hinaus anfallen, wären dann nicht
einzelnen dieser Arbeitsplätze, sondern nur ihrer Gesamtheit zuzuordnen. Einer solchen Zuordnung würde aber eben-
sowenig eine Zurechenbarkeit im Sinne des Identitätsprinzips zugrunde liegen wie z.B. einer Zuordnung von Durch-
schnittskosten. Innerhalb der strengen Einzelkostenrechnung selbst ist für sie daher kein Raum.

Daß eine solche Zuordnung nicht auf einer Zurechenbarkeit
im Sinne des Identitätsprinzips beruhen kann, zeigt fol-

---

1) Im anderen Falle, wenn mit schiffahrtspolizeilicher
   Einwilligung unterbemannt gefahren wird, fallen zusätzliche Personalkosten an, die zwar als einsatzabhängig angesehen werden müssen, für deren Zurechenbarkeit jedoch ähnliches gilt (siehe S. 104 ff.).

gendes Beispiel: Es seien 2 gleichartige Arbeitsplätze vorhanden und die beiden Besatzungsmitglieder "A" und "B",
von denen A jedoch höhere einsatzunabhängige Vergütungen
bezieht als B. Man müßte nun im Sinne der oben vorgeschla-
genen Zuordnung die einsatzunabhängigen Kosten von A auf-
spalten in einen "Grundbetrag" (in Höhe des einsatzunabhängigen Entgeltes für B) und würde als Rest den "Mehrbetrag" erhalten, der anders als der "Grundbetrag" zurechenbar sein soll, nämlich nur auf beide Arbeitsplätze
gemeinsam, während der "Grundbetrag" sowohl dem einen wie
dem anderen Arbeitsplatz (alternativ) einzeln zurechenbar
sein soll. Das Ganze nur deshalb, weil außer A noch eine
billigere Arbeitskraft vorhanden ist. Tatsächlich sind die
einsatzunabhängigen Kosten für A jedoch auf den Abschluß
des Arbeitsvertrages mit A bzw. dessen Verlängerung zurückführbar. Dispositionen über einzelne Teilbeträge waren gar
nicht möglich. Die einsatzunabhängigen Kosten von A können
daher nur im ganzen zurechenbar sein.

Ferner wird sich bei den anschließenden Überlegungen über
einen Abbau der Betriebsbereitschaft zeigen, daß für solche Entscheidungen normalerweise nicht die Kosten des
"billigsten" Besatzungsmitgliedes, sondern die des "teuer-
sten" entscheidungsrelevant sind. Auch das zeigt, daß dieser Zuordnung der "Untergrenze" (gleiches gilt für den
"Durchschnitt" oder die "Obergrenze") eben bestimmte Annahmen zugrunde liegen. Solche Zuordnungen können daher
nicht losgelöst von diesen Annahmen interpretiert werden.

Die bisherigen Überlegungen beziehen sich auf eine unveränderte Anzahl betriebsbereit gehaltener Fahrzeuge der
Reederei. Es ergeben sich andere und weiterreichende Zurechenbarkeiten, wenn die Anzahl der betriebsbereit ge-
haltenen Fahrzeuge verändert wird. Wird z.B. ein Fahrzeug
stillgelegt und werden hierbei bestimmte Arbeitskräfte

entlassen, so ist die entsprechende Einsparung an einsatzunabhängigen Personalkosten der Stillegung des Fahrzeuges
zurechenbar. Werden dagegen zwei oder mehr Fahrzeuge auf
einmal stillgelegt, so ist die sich ergebende Einsparung
an einsatzunabhängigen Personalkosten nur der Gesamtheit
dieser Fahrzeuge zurechenbar. Umgekehrt ist bei Hinzukommen eines oder mehrerer Fahrzeuge die entsprechende Erhöhung der einsatzunabhängigen Personalkosten dieser Betriebs-
erweiterung zurechenbar.

Für das Ausmaß einer solchen Änderung der einsatzunabhängigen Personalkosten bei einer Kapazitätsänderung ist maßgebend, welches Personal entlassen bzw. neu eingestellt
wird. Dabei muß bei einer Kapazitätsverminderung das ent-
lassene Personal weder dauernd noch vorübergehend auf dem
stillgelegten Fahrzeug eingesetzt gewesen sein. Umgekehrt
braucht bei einer Kapazitätserweiterung das neu einge-
stellte Personal nicht auf dem neu hinzugekommenen Fahrzeug tätig zu sein. Die erwähnte Zurechenbarkeit der einsatzunabhängigen Personalkosten auf einzelne Fahrzeuge
ist vielmehr nur in Hinblick auf eine Kapazitätsänderung
gegeben, nicht aber im laufenden Betrieb.

Die einzigen Informationen in Hinblick auf die zurechenbaren einsatzunabhängigen Personalkosten, die eine laufend durchgeführte Rechnung für Fälle der Kapazitätsverminderung liefern könnte, bestünden also darin zu zeigen,
welche einsatzunabhängigen Personalkosten bei Entlassung
einzelner Arbeitskräfte einsparbar wären, sie wären also
nur der Bereitschaft der Arbeitskräfte selbst zurechenbar,
nicht dagegen den übergeordneten betrieblichen Kapazitäten. Diese Angaben sind aber unmittelbar den Lohn- und
Gehaltslisten bzw. den Aufzeichnungen der Personalabtei-
lung zu entnehmen (ebenso die nötigen Angaben für die an-

schließend behandelte zeitliche Zurechenbarkeit, also z.B.
die jeweiligen Kündigungsfristen). Ein besonderer Ausweis
dieser Angaben in einer Einzelkostenrechnung ist daher
überflüssig.

Für Fälle der Kapazitätserweiterung wären die einsatzunabhängigen Personalkosten des neu hinzukommenden Personals
einer laufenden Rechnung ohnehin nicht zu entnehmen. An-
haltspunkte sind aber auch hier aus den oben genannten Unterlagen zu ersehen.

Zusammenfassend ist daher festzustellen, daß in einer
strengen laufenden Einzelkostenrechnung die einsatzunabhängigen Personalkosten der Reederei einmal der Leistungsbereitschaft der Besatzungsmitglieder selbst einzeln zurechenbar sind. In Hinblick auf die Leistungsbereitschaft
der Flotte sind sie dieser aber nur als Ganzer zurechenbar.

Bei den bisherigen Überlegungen über die Zurechenbarkeit
der einsatzunabhängigen Personalkosten ist die Zurechenbarkeit auf Zeitabschnitte außer acht geblieben, der die
Einzelkostenrechnung auch Rechnung tragen soll. Es ist daher zu fragen, wie die einsatzunabhängigen Personalkosten
auf Zeitabschnitte zurechenbar sind, wobei in einer laufenden Rechnung insbesondere Monate, Quartale und Jahre
als Bezugsobjekte interessieren. Wegen einiger Besonderheiten empfiehlt es sich hier, zwischen Lohnempfängern und
Gehaltsempfängern zu unterscheiden.

Das Arbeitsverhältnis mit Lohnempfängern kann zu jedem
Kalendertag gekündigt werden, wobei eine Kündigung jedoch
mindestens 2 Wochen zuvor ausgesprochen sein muß, da eine
Kündigungsfrist von 2 Wochen besteht[1]. Mit jedem Arbeits-

---

1) Siehe Tarifvertrag, a.a.O., § 8.

tag, zu dem nicht gekündigt worden ist, erhöht sich daher
der Anspruch eines Lohnempfängers auf einsatzunabhängigen
Lohn um den auf einen Arbeitstag entfallenden Betrag. Der
einsatzunabhängige Lohn ist daher von seiten der Reederei
für jeden Tag einzeln disponierbar (wenn auch 2 Wochen im
voraus). Bei einem Lohnempfänger sind folglich seiner Arbeitskraft eines Arbeitstages die auf diesen entfallenden
einsatzunabhängigen Personalkosten zurechenbar[1].

Das Arbeitsverhältnis mit Gehaltsempfängern ist dagegen
immer nur zum Ende eines Kalendermonats kündbar, wobei
die Kündigung mindestens 6 Wochen zuvor ausgesprochen sein
muß[2]. Anders als bei Lohnempfängern kann hier über die
einsatzunabhängigen Personalkosten also nur für die einzelnen Kalendermonate im ganzen disponiert werden (und
auch hier nur entsprechend im voraus), so daß sie nur der
Arbeitskraft der Gehaltsempfänger für einen Kalendermonat
im ganzen, nicht aber für kürzere Zeitabschnitte zurechenbar sind[3].

Zu den einsatzunabhängigen Personalkosten, die der Arbeitskraft eines Gehaltsempfängers für einen Kalendermonat und der Arbeitskraft eines Lohnempfängers für einen
Arbeitstag zurechenbar sind, müssen auch anteilige Personalkosten gerechnet werden, die für den Urlaub des Perso-

---

1) Ausnahme: Bei einem neu eingestellten Lohnempfänger
müssen zunächst 2 Wochen vergehen, bis er kündbar ist.
Die einsatzunabhängigen Personalkosten dieses Zeitraumes stellen also einen Block dar, der nicht auf-
teilbar und anteilig einzelnen Tagen dieses Zeitraumes,
sondern nur den 2 Wochen im ganzen zurechenbar ist,
sofern keine kürzere Probezeit vereinbart ist.
2) Siehe Tarifvertrag, a.a.O., § 8.
3) Auch hier erhöht sich bei neu eingestellten Gehaltsempfängern der Zeitraum, dem die einsatzunabhängigen
Personalkosten zurechenbar sind, auf mindestens 6 Wochen, sofern nicht eine kürzere Probezeit vereinbart
ist.

nals anfallen. Denn da dem Personal mit Bestehen des Arbeitsverhältnisses laufend ein entsprechender Anspruch auf
Urlaub erwächst, während dem seine Arbeitskraft dann nicht
zur Verfügung steht, entstehen der Reederei hierfür laufend anteilige Kosten[1].

Die bisherigen Aussagen über die zeitliche Zurechenbarkeit
der einsatzunabhängigen Personalkosten gingen von der Fragestellung aus, wann die in den Arbeitsverträgen eingegan-
gene rechtliche Bindungsdauer frühestens wieder einen Abbau dieser Kosten erlaubt.

Das Kriterium, im Rahmen welcher Zeitabschnitte die einsatzunabhängigen Personalkosten aus arbeitsrechtlichen
Gründen überhaupt disponierbar sind, kann nun aber über-
lagert werden durch längerfristige ökonomische Kriterien,
nach denen diese Kosten aus übergeordneten Gründen nur in
längeren Zeitabschnitten disponierbar sind. So wird bei
den gegenwärtigen Schwierigkeiten einer Beschaffung von
Arbeitskräften in gewissem Umfang Personal auch dann nicht
entlassen, wenn es vorübergehend nicht benötigt wird. So
gesehen können Personalkosten gemäß ihrer rechtlich möglichen Abbaufähigkeit einzelnen Zeitabschnitten scheinbar
zurechenbar sein, ihrem ökonomischen Charakter nach aber
Gemeinkosten dieser Zeitabschnitte sein.

Die laufende Einzelkostenrechnung wäre jedoch überfordert,
wenn sie solche längerfristigen Zusammenhänge ausweisen
sollte, die selbst in Einzelfällen oft nur schwer fest-
stellbar sind. Sie kann lediglich die oben dargestellte
rechtliche Bindungsdauer ausweisen.

---

1) Siehe im einzelnen die Vorschriften des Tarifvertrages,
   a.a.O., § 5. Hervorzuheben ist, daß eine Abgeltung des
   Urlaubs in Geld nur im Zusammenhang mit einer Beendi-
   gung des Arbeitsverhältnisses zulässig ist.

## b) Einsatzabhängige Personalkosten

## aa) Abgrenzung

Es ist nun die Zurechenbarkeit der einsatzabhängigen Personalkosten zu untersuchen. Die einsatzabhängigen Personalkosten fallen zusätzlich zu den bisher behandelten einsatzunabhängigen Personalkosten an, wenn die im Arbeitsverhältnis mit der Reederei stehenden Besatzungsmitglieder in bestimmter Art und Weise eingesetzt werden. Das wird im einzelnen noch zu zeigen sein. Als einsatzabhängig kommen
folgende Kostenarten in Betracht:

1. Mehrarbeitspauschalen (soweit sie nicht einsatzunabhängig sind)

2. Sonstige Mehrarbeitsentgelte

3. Nebenvergütungen.

Um die Zurechenbarkeit dieser Entgelte darstellen zu können, ist auch hier zunächst ihre teilweise recht komplizierte Berechnung zu erläutern:

## Zu 1.:

Die Mehrarbeitspauschalen sind bereits bei den einsatzunabhängigen Personalkosten behandelt worden. Dabei hat sich
ergeben, daß die Mehrarbeitspauschale, die für einen überwiegenden Einsatz auf einem Schlepper vorgesehen ist, nämlich 14,7 % des Grundverdienstes, einsatzunabhängig ist,
weil sie die kleinste der bei den möglichen Einsätzen in
Frage kommenden Pauschalen ist und mindestens gezahlt werden
muß. Wird Personal jedoch überwiegend auf einem anderen
Fahrzeug als einem Schlepper eingesetzt, so ist eine höhere
Mehrarbeitspauschale zu zahlen, nämlich 23 % des Grundverdienstes. Der sich entsprechend ergebende Mehrbetrag ist
daher einsatzabhängig.

Zu 2.:

Mit dem Grundverdienst einschließlich der Mehrarbeitspauschale ist die Einsatzzeit an Werktagen nur innerhalb bestimmter Grenzen abgegolten[1], wobei unter Einsatzzeit zu verstehen ist: Fahrt, Laden, Löschen, Reparaturarbeiten an Bord, Bereitschaftszeiten, Bordarbeit und Pausen. Diese Grenzen betreffen eine Einsatzzeit von bis zu 12 Stunden täglich von montags bis
freitags und samstags bis zu 6 Stunden zwischen 6 und
13 Uhr. Für Einsätze außerhalb dieser Einsatzzeit sind
über Grundverdienst und Mehrarbeitspauschale hinaus folgende Sätze zu vergüten:

Für die 13. und 14. Stunde täglich von montags bis freitags in der Zeit zwischen 6 und 20 Uhr 125 % des Stundengrundlohnes[2]; der gleiche Betrag für die 7. bis 14.
Stunde samstags in der Zeit zwischen 6 und 20 Uhr. Ein
Einsatz außerhalb der Zeit zwischen 6 und 20 Uhr gilt
als Nachtarbeit und wird an Werktagen mit 150 % des
Stundengrundlohnes bezahlt. Für Einsätze an Sonn- und

---

1) Siehe Tarifvertrag, a.a.O., § 17.

2) Der Stundengrundlohn beträgt z.Z. 1/179 des
   monatlichen Grundlohnes bzw. Grundgehaltes,
   bei Verheirateten ohne Verheiratetenzulage
   (siehe Tarifvertrag, a.a.O., § 4).

   Der Begriff Stundengrundlohn ist aus dem
   Tarifvertrag übernommen, streng genommen
   müßte man sprechen von: Stundengrundlohn
   bzw. -gehalt.

Feiertagen gelten besondere Vorschriften[1]. Dabei ist hervorzuheben, daß für Fahrten an Sonntagen über 12 Uhr hinaus außer 70 % des Tagelohnes[2] und gegebenenfalls sonsti-
ger Vergütungen 1 1/2 freie Tage zu gewähren sind, wobei
jedoch mit Zustimmung des Besatzungsmitgliedes eine Abgeltung in Geld möglich ist.

Zu 3.:

Außer den bisher behandelten Vergütungen sind für besondere Tätigkeiten des Personals Nebenvergütungen vorgesehen,
wobei folgende hervorzuheben sind[3]:

---

1) Die Regelungen für Sonn- und Feiertagseinsätze sind
   etwas kompliziert.

   Für die "Sonntagsfahrt" gilt folgendes: für eine Fahrt
   in der Zeit zwischen 6 und 12 Uhr werden 6 Stundengrund-
   löhne + 70 % vergütet. Bei einer Fahrt über 6 Stunden
   zwischen 6 und 20 Uhr werden dagegen 70 % des Tagelohnes
   (= 1/26 des monatlichen Grundverdienstes) bezahlt; zusätzlich werden 1 1/2 freie Tage gewährt, wobei eine Abgeltung in Geld möglich ist. Dauert die Fahrt jedoch
   länger als 10 Stunden, so werden darüber hinaus bis 20
   Uhr für jede Stunde 125 % des Stundengrundlohnes bezahlt.
   Die Fahrt zwischen 0 und 6 Uhr und zwischen 20 und 24 Uhr
   gilt als Nachtarbeit und wird je Stunde mit 150 % des
   Stundengrundlohnes vergütet.

   Wenn nicht gefahren wird, gilt für "Sonntagsarbeit" (in
   Häfen, an Liegeplätzen) folgende Regelung: für Arbeit
   zwischen 0 und 24 Uhr (ausschließlich Pausen) wird je
   Stunde ein Stundengrundlohn mit einem Zuschlag von 70 %
   bezahlt, mindestens jedoch für 4 Stunden.

   Im Prinzip ähnlich sind die Bestimmungen für Feiertage,
   wobei noch danach unterschieden wird, ob diese auf
   einen Werktag oder einen Sonntag fallen. (Siehe im einzelnen: Tarifvertrag, a.a.O., § 17.)

2) Der Tagelohn (gemeint ist zugleich das auf einen Tag
   entfallende Gehalt) beträgt 1/26 des monatlichen Grundlohnes bzw. Grundgehaltes, bei Verheirateten ohne Verheiratetenzulage (siehe Tarifvertrag, a.a.O., § 4).

3) Siehe Tarifvertrag, a.a.O., §§ 22 u. 24.

(a) Einige Nebenvergütungen sind ihrer absoluten Höhe nach festgelegt und von den persönlichen Merkmalen der sie empfangenden Besatzungsmitglieder unabhängig. Sie sind teilweise für bestimmte Arbeitsvorgänge festgesetzt. So sind für das Reinigen von Innenräumen einer Dieselmaschine in Zusammenhang mit dem Ölwechsel für jeden Hauptmotor 9,-- DM zu vergüten (13,50 DM, sofern keine Kesselanzüge gestellt werden). Teilweise sind sie dagegen auf die einzelne Arbeitsstunde bezogen. So ist auf Tankschiffen, wenn nicht gefeuert werden darf, an jedes Besatzungsmitglied 0,60 DM pro Stunde zu zahlen. Teilweise sind sie aber auch auf den Arbeitstag bezogen. So erhält der Schiffsführer eines Motorgüterschiffes unter 900 t Tragfähigkeit, das keine mechanisch angetriebene Schleppwinde hat, für jeden angefangenen Tag der Schlepptätigkeit eine Vergütung von 2,50 DM.

(b) Bei Unterbemannung sind an die vorhandenen Besatzungsmitglieder für jeden Tag, an dem das Fahrzeug mehr als 4 Stunden eingesetzt ist, bestimmte Pauschalbeträge zu verteilen, deren Höhe sich nach der Berufsgruppe der fehlenden, nicht aber der sie empfangenden Besatzungsmitglieder richtet. Die Beträge sind an Lade- und Löschtagen mit über 12 Stunden etwas höher als an den übrigen Tagen.

(c) Andere Nebenvergütungen sind dagegen von persönlichen Merkmalen der sie empfangenden Besatzungsmitglieder abhängig (nämlich von der Höhe ihres persönlichen Grundverdienstes). So ist für das Reinigen von Tanks je Arbeitsstunde ein Zuschlag von 80 % auf den Stundengrundlohn zu zahlen, für Havariearbeiten ein Zuschlag von 50 %. Für Bordwachen an Sonn- und Feiertagen ist innerhalb von 4 Wochen ein freier Tag zu gewähren, es ist aber auch die Abgeltung mit einem Tagelohn zulässig.

Es ist nun aber zu beachten, daß die Vergütungen, die aus
dem Bereich der unter 1. bis 3. genannten Kostenarten
für Personaleinsätze vorgesehen sind, nicht bereits als
einsatzabhängige Personalkosten angesehen werden können.
Wie bereits erwähnt, erhält das Personal nämlich den Garantieverdienst in Höhe von 120 % der monatlichen Grund-
vergütung, wenn die übrigen ihm zustehenden monatlichen
Verdienste (mit Ausnahme von Entgelten für Sonn- und Feiertagswachen und des halben Urlaubszuschlages) diese Garantieverdienste nicht bereits überschreiten. Die einsatzunabhängigen Verdienste (Grundverdienst und einsatzunabhängige Mehrarbeitspauschale) allein liegen aber unter
dieser Grenze. Die Einsätze eines Besatzungsmitgliedes,
für die diesem besondere Vergütungen aus dem Bereich der
hier behandelten einsatzabhängigen Kostenarten zustehen,
führen deshalb nur insoweit zu zusätzlichen Personalkosten
der Reederei, wie hierdurch in dem betreffenden Monat der
dem Besatzungsmitglied zustehende Garantieverdienst überschritten wird. Ist das nicht der Fall, dann entstehen der
Reederei für die betreffenden Einsätze überhaupt keine Kosten.

Eine Ausnahme bilden die für Sonn- und Feiertagswachen vorgesehenen Entgelte, weil diese in jedem Fall zu zusätzlichen (einsatzbedingten) Kosten führen.


bb) Zurechenbarkeit

Die einsatzbedingten Vergütungen eines Besatzungsmitgliedes errechnen sich einzeln nach seinen Einsätzen und es
ist zu vermuten, daß sie diesen Einsätzen jeweils zurechenbar sind. Hierbei tritt aber die eben genannte Schwierigkeit auf, daß die für die Einsätze eines Besatzungsmitgliedes jeweils vorgesehenen Vergütungen nur insoweit zu

zusätzlichen Personalkosten führen, wie sie die Differenz
zwischen Garantieverdienst und der Summe aus Grundvergü-
tung und dem einsatzunabhängigen Anteil der Mehrarbeitspauschale übersteigen. (Auf die Ausnahme der Entgelte für
Sonn- und Feiertagswachen wird noch besonders eingegangen.)

Die Summe der sich errechnenden einsatzabhängigen Vergütungen ist somit größer als die der Reederei tatsächlich
anfallenden einsatzabhängigen Personalkosten, und es läßt
sich praktisch nicht angeben, welchen von diesen Einsätzen
die über die Garantieverdienste hinaus anfallenden einsatzbedingten Personalkosten im einzelnen zurechenbar sind.

Streng genommen gilt das allerdings nur, sofern über alle
Einsätze eines Besatzungsmitgliedes jeweils gemeinsam zu
Anfang eines Monats disponiert wird. Sind dagegen in einem
Monat bereits so viele Einsätze eines Besatzungsmitgliedes
erfolgt, daß dessen kumulierte einsatzabhängigen Vergütungen zusammen mit dem Grundverdienst und der einsatzunabhängigen Mehrarbeitspauschale die kritische Grenze des Garantielohnes überschreiten, so sind bei den weiteren Entscheidungen über die Einsätze dieses Besatzungsmitgliedes
die hierfür gegebenenfalls vorgesehenen einsatzbedingten
Vergütungen diesen Personaleisätzen als zusätzliche Kosten
zurechenbar.

Bei solchen Einzeldispositionen wäre also dennoch eine Zurechenbarkeit auf die betreffenden Personaleinsätze gegeben.

Das kann in einer laufenden Rechnung aber praktisch nicht
berücksichtigt werden. Hier muß vielmehr vereinfachend davon ausgegangen werden, daß sich weder in chronologischer
noch in sachlicher Hinsicht eine Rangfolge für die einzelnen Einsätze begründen läßt  so daß die einsatzabhängigen

Personalkosten eines Besatzungsmitgliedes in einem Monat
insofern nur gemeinsam der Gesamtheit der in Betracht
kommenden Einsätze dieses Monats zurechenbar sind[1].

Nun betragen aber jene einsatzbedingten Vergütungen des
Personals, die nicht zu zusätzlichen Kosten führen, nur
etwa 5 % des Garantielohnes, während die tatsächlich anfallenden einsatzabhängigen Personalkosten meist mehr als
30 % und oft über 80 % des Garantielohnes ausmachen. Angesichts dieser Relation, bei der ein sehr kleiner Anteil der
einsatzbedingten Vergütungen die Zurechenbarkeit aller übrigen einsatzbedingten Vergütungen verhindert, ist zu erwägen,
ob man nicht die geschilderte Schwierigkeit vernachlässigen
kann, um den Einsätzen des Personals die hierfür vorgesehenen einsatzbedingten Vergütungen einzeln zuzurechnen. Wenn
sich hieraus wesentliche Aussagen ergeben würden, so wäre
dieser prinzipielle (wenn auch geringfügige) Fehler gegenüber der strengen Zurechenbarkeit im Sinne einer exakten
Einzelkostenrechnung wohl zu vertreten.

Damit bei dieser Lösung die insgesamt verrechneten Personalkosten nicht die tatsächlichen überschreiten, müßte in
Höhe des Garantieanteils der einsatzabhängigen Vergütungen
eine gemeinsame Ausgabenminderung in die Rechnung eingesetzt werden.

Die einsatzbedingten Vergütungen wären dann den betreffenden Personaleinsätzen selbst zurechenbar. Eine solche Zurechnung allein böte jedoch kaum Erkenntnisse, die nicht
bereits unmittelbar den Lohn- und Gehaltslisten und den
Aufschreibungen über die Einsätze der Besatzungsmitglieder
entnommen werden könnten.

---

1) Vgl. hierzu auch die Überlegungen von Ehrt, Robert:
   Die Zurechenbarkeit von Kosten auf Leistungen auf der
   Grundlage kausaler und finaler Beziehungen, Stuttgart,
   Berlin, Köln, Mainz, 1967, S. 49.

Eine solche Zurechnung hätte vielmehr nur dann einen Sinn,
wenn diese Kosten der Personaleinsätze ihrerseits den mit
diesen erstellten Transportleistungen zurechenbar wären,
also z.B. der Fahrt des betreffenden Fahrzeuges, dem Transport einer bestimmten Gütermenge oder dem Schleppen eines
Fahrzeuges. Im Sinne der eingangs[1] gemachten Abgrenzung
wären diese Leistungen aus der Sicht der einzelnen Personaleinsätze als deren "Leistungseffekte" zu verstehen, deren Erfüllung sie dienen.

Bei der hier vorgenommenen stufenweisen Betrachtung der
Zurechenbarkeit sind diese Leistungen jedoch ihrerseits
zunächst nur als "Ausführungsleistungen" zu sehen, z.B. in
Hinblick auf die letzten Endes mit ihnen zu erfüllenden
Aufträge. Es wird also z.B. gefragt, ob die Kosten der
Personaleinsätze einem bestimmten Gütertransport an sich
(dem Ablauf des Transportvorganges) zurechenbar sind, wobei dieser zunächst gedanklich losgelöst ist von dem Auftrag, dessen Erfüllung er dient. Die Zurechenbarkeit auf
den Auftrag wird vielmehr erst in einem anschließenden
Schritt untersucht, wenn gefragt wird, ob die Kosten dieses Gütertransportes (sofern ihm überhaupt Kosten zurechenbar sind) ihrerseits dem hiermit ausgeführten Auftrag
zurechenbar sind[2].

Eine Zurechenbarkeit von Kosten der Personaleinsätze wäre
in Hinblick auf jene Leistungen gegeben, die zwangsläufig
zu einsatzbedingten Personalkosten ganz bestimmter Höhe
führen, die also überhaupt nicht anders als unter Aufwand
dieser Entgelte erstellt werden können. Dieser Fall tritt
aber nur bei einigen größenmäßig unbedeutenden Nebenvergütungen auf, so bei Entgelten für das Reinigen von Innen-

1) Siehe S. 76 ff.
2) Siehe S. 126 ff.

räumen der Dieselmaschinen, bei Nicht-Feuer-Zulagen auf
Tankschiffen und bei Schleppzulagen an Schiffsführer kleiner Motorgüterschiffe ohne Winde.

Andere Leistungen führen dagegen zwar ebenfalls zwangsläufig zu Nebenvergütungen an das ausführende Personal, die
Höhe der Nebenvergütungen wird jedoch in Abhängigkeit zu
den Grundverdiensten der betreffenden Besatzungsmitglieder
berechnet, sie ist also von deren persönlichen Merkmalen
abhängig. Dies gilt für das Reinigen von Tanks, für Havariearbeiten und für Entgelte für Sonn- und Feiertagswachen.
Es gilt auch für den einsatzbedingten Teil der Mehrarbeitspauschale, wobei dieser jedoch nicht von einzelnen Leistungen ausgelöst wird sondern davon, auf welchen Fahrzeugtypen
ein Besatzungsmitglied pro Monat überwiegend eingesetzt ist.

Nun ist aber der Einsatz des Personals durch übergeordnete
Personaldispositionen bestimmt, die nicht nur die jeweils
ausgeführte einzelne Leistung, sondern zugleich auch andere Leistungen betreffen. Infolgedessen sind die bisher behandelten einsatzbedingten Vergütungen, die von den persönlichen Merkmalen der sie empfangenden Besatzungsmitglieder abhängig sind, den Leistungen, für die sie anfallen, einzeln nicht zurechenbar, jedenfalls nicht im Sinne
der strengen Einzelkostenrechnung[1].

---

1) Ähnlich wie schon bei der Zurechnung der einsatzunabhängigen Personalkosten auf einzelne Arbeitsplätze (siehe
S. 92 ff.) drängt sich auch hier der Gedanke auf, daß
jeweils die geringste der bei den in Frage kommenden
Besatzungsmitgliedern sich ergebende einsatzbedingte
Vergütung für die betreffenden Leistungen in jedem Fall
(mindestens) aufzuwenden wäre, daß man also doch diese
den betreffenden Leistungen (im Sinne einer Untergrenze)
zuordnen könnte. Aber wie dort gezeigt, baut eine solche
Zuordnung auf Annahmen und Fiktionen auf und nicht auf
einer Zurechenbarkeit im Sinne des Identitätsprinzips.
Sie gehört daher in den Bereich der die strenge Einzelkostenrechnung ergänzenden Kostenstatistiken, bei denen
man im übrigen auch z.B. mit durchschnittlichen Vergütungen rechnen könnte.

Der größenmäßig überwiegende Teil der einsatzbedingten
Vergütungen wird jedoch für Leistungen aufgewendet, die
nicht zwangsläufig zu einsatzbedingten Vergütungen führen,
weil sie (im einzelnen gesehen) auch in der normalen
Schichtzeit mit den Personaleinsätzen ausgeführt werden
könnten, die bereits mit den einsatzunabhängigen Entgelten abgegolten sind. Die meisten einsatzbedingten Vergütungen fallen für Überstunden bei den Fahrten der Fahrzeuge an Werktagen oder für Sonn- und Feiertagsfahrten
an. Sie werden nicht aufgewendet, weil die betreffenden
Leistungen selbst möglichst schnell ausgeführt werden
müssen, sondern damit mit dem betreffenden Fahrzeug möglichst bald weitere Leistungen erstellt werden können.
Deshalb werden die einsatzbedingten Vergütungen hier in
Kauf genommen, um die Betriebsbereitschaft der Fahrzeuge
zu erhöhen. Sie sind auf Entscheidungen zurückführbar,
die nicht die Erstellung der gerade ausgeführten Leistungen betreffen, sondern die Erhöhung der Betriebsbereitschaft. Sie sind daher den ausgeführten Leistungen einzeln nicht zurechenbar[1].

Nur wenn in Sonderfällen die Kapazität der Fahrzeuge
(innerhalb eines bestimmten Zeitraumes) während der normalen Schichtzeit bereits belegt ist und Überstunden in
Hinblick auf eine bestimmte zusätzliche Leistung nötig
werden, dann wäre ein direkter Zusammenhang zwischen den
Überstundenentgelten und der zusätzlichen Leistung gegeben, gleichgültig, ob mit den Überstunden auch tatsächlich diese Leistung ausgeführt-wird oder eine andere.
Solche Fälle sind in dieser Klarheit bei der Reederei
aber praktisch nicht gegeben. Zudem würde aber auch hier

---

1) Zu einem entsprechenden Ergebnis kommt auch
   Ehrt, Robert, a.a.O., S. 49

die Schwierigkeit, daß die Überstundenentgelte in ihrer
Höhe von den persönlichen Merkmalen der sie empfangenden
Besatzungsmitglieder abhängig sind, eine Zurechenbarkeit
auf die betreffende Leistung ausschließen.

Abschließend sei noch untersucht, ob sich nicht bei den
einsatzbedingten Vergütungen weiterreichende Zurechenbarkeiten auf Transportleistungen ergeben, wenn man die Transportleistungen als Bezugsobjekte schärfer präzisiert. Dies
ist insbesondere in Hinblick auf die größenmäßig besonders
bedeutsamen Überstundenentgelte von Interesse.

Die Reisen der Fahrzeuge dauern in den meisten Fällen
mehrere Tage, und eine Verkürzung der Reisedauer schlägt
sich in erhöhten Überstundenverdiensten nieder. Wählt man
nun nicht eine solche Reise ohne Beachtung der benötigten
Zeit, sondern eine solche Reise mit dem Merkmal der benötigten Zeit zum Bezugsobjekt, dann sind unter diesem Aspekt
die einsatzbedingten Vergütungen, die durch die Eile dieser Reise bedingt sind, dieser Reise zurechenbar. Für eine
Reise, die innerhalb der normalen Schichtzeit 3 Tage dauern würde, müssen eben zwangsläufig Überstundenlöhne in
Kauf genommen werden, wenn sie in 2 Tagen ausgeführt wird.
(Die Absicht, aus der heraus die Reise in möglichst kurzer
Zeit erbracht werden soll, nämlich die Erhöhung der Betriebsbereitschaft, würde bei dieser Betrachtensweise für
die Zurechenbarkeit ohne Bedeutung sein.) Unter diesem
Aspekt bestünde ein direkter Zusammenhang zwischen den
einsatzbedingten Vergütungen, die durch die Eile der Ausführung der Leistungen bedingt sind, und eben diesen Leistungen selbst. Dieser Zusammenhang würde bei jeder Wieder-
holung der Leistung unter gleichen Bedingungen wiederkeh-
ren.

Dabei müßten außer der Zeit, innerhalb der die Transportleistung ausgeführt wird, zugleich noch weitere Einzelheiten als Merkmale der betreffenden Transportleistungen mit-
erfaßt werden, nämlich alle jene, die für die Berechnung
der einsatzbedingten Vergütungen von Bedeutung sind, wie
z.B.: Berufsgruppe, Grundverdienst, Familienstand und Anzahl der Berufsjahre der eingesetzten Besatzungsmitglieder;
auch die Frage, ob Wochentage, Samstage, Sonntage oder
Feiertage betroffen sind und die Dauer und Lage der täg-
lichen Einsatzzeit wären von Bedeutung.

Eine solche Zurechnung würde der Zurechenbarkeit entsprechen. Es ist aber die Frage, ob ihre laufende Durchführung
sinnvoll ist. In gewisser Hinsicht wäre sie letzten Endes
wohl tautologisch, weil sie auf die Aussage hinausliefe,
daß die einsatzbedingten Kosten sich so errechnen, wie sie
sich errechnen[1]. Auch wäre eine Zusammenfassung der Bezugsobjekte dieser Art zu bestimmten Gruppen im Rahmen
einer laufenden Kostenrechnung praktisch nicht möglich,
weil die Bezugsobjekte aufgrund ihrer zahlreichen Merkmale zu heterogen wären, und weil die geschilderte Möglichkeit der Zurechnung falsch werden würde, sofern man
einzelne der relevanten Merkmale der Bezugsobjekte vernachlässigt bzw. unberücksichtigt läßt.

Bisher ist die Zurechenbarkeit auf Zeitabschnitte außer
acht geblieben. Dabei tritt hier wiederum die Schwierigkeit zutage, daß die Zurechenbarkeit von Kosten auf Zeit-

---

1) Bei den Treibstoffkosten wird eine Zurechnung in analo-
ger Weise dagegen von größtem Interesse sein, weil es
dort darauf ankommt, Erfahrungswerte über die zurechenbaren Treibstoffkosten für unterschiedliche Fahrbedin-
gungen zu sammeln (siehe S. 113 ff.). Hier bei den Personalkosten liegen dagegen die Tarife ohnehin vor, aus
denen die entsprechenden Kosten unmittelbar abzuleiten
sind.

abschnitte immer nur in Verbindung mit einer Zurechenbarkeit auf sachliche (d.h. nicht allein Zeitabschnitte betreffende) Bezugsobjekte möglich und sinnvoll ist. (Das
gleiche hatte sich bei den Erlösen ergeben.) Dem Zeitabschnitt, in dem eine Arbeitsleistung erbracht wird, sind
die dieser zurechenbaren einsatzbedingten Vergütungen daher streng genommen nur in Verbindung mit dieser Arbeitsleistung zurechenbar. Im Zusammenhang mit anderen, übergeordneten sachlichen Bezugsobjekten (z.B. Leistungsbereitschaft von Fahrzeugen, Aufträge) können sich völlig andere
zeitliche Zurechenbarkeiten ergeben. So können z.B. Überstundenentgelte der Leistungsbereitschaft einer nachfolgenden Periode zurechenbar sein, wenn ohne sie erst in
dieser ein Kapazitätsengpaß auftreten würde.

Trotz dieser Schwierigkeiten dürfte es aber in Hinblick
auf eine Standardlösung für eine laufende Rechnung nahe-
liegen, davon auszugehen, daß die einsatzbedingten Personalkosten zusammen mit den Leistungen, für die sie aufgewendet werden, kurzfristig variabel und jeweils dem Zeitraum zurechenbar sind, in dem sie anfallen. Wegen der
dargestellten Schwierigkeit, daß nicht alle einsatzbedingten Vergütungen auch zu zusätzlichen Personalkosten
führen, dürfte es jedoch empfehlenswert sein, die einsatzabhängigen Personalkosten nur auf Kalendermonate und nicht
auf kürzere Zeitabschnitte zuzurechnen.


## 3. Treib- und Schmierstoffe

Von den Treib- und Schmierstoffen, die zusammen etwa 10 %
der Kosten der Reederei (nach Abzug der Kosten der Transporte von fremden Frachtführern) ausmachen, seien zunächst
die Kosten der Treibstoffe auf ihre Zurechenbarkeit hin
untersucht.

Die Treibstoffkosten fallen mit den Leistungen der Dieselmaschinen der eigenen Fahrzeuge an. Bezogen auf die Betriebsstunde sind sie verschieden hoch, je nach dem, mit
welcher Intensität die Maschinen arbeiten, wie sie belastet werden. Die anfallenden Treibstoffkosten sind diesen
Maschinenleistungen selbst als "unterstem" Objekt in der
Reihe der hier interessierenden Bezugsobjekte zurechenbar,
also z.B. dem Laufen eines Aggregates während einer bestimmten Betriebsstunde bei bestimmter Inanspruchnahme.

Es stellt sich nun aber die Frage, wie diese Kosten der
Maschinenleistungen den hiermit bewirkten übergeordneten
Ausführungsleistungen zurechenbar sind. Dabei ist zunächst
an eine Zurechnung auf die Fortbewegung des Fahrzeuges zu
denken, auf dem die Maschine sich befindet (also z.B. die
Fortbewegung dieses Fahrzeuges von A nach B).

Die bei der Fortbewegung eines Fahrzeuges in Anspruch ge-
nommene Maschinenleistung ist von verschiedenen Faktoren
abhängig, nämlich:

1. der Beladung des Fahrzeuges und dem gegebenenfalls
   vorhandenen Anhang;

2. den gerade herrschenden Gegebenheiten der Wasserstraßen, wie Wasserstand, Strömungsgeschwindigkeit des
   Wassers, Verkehrsdichte, Eis, Nebel;

3. der gewählten Geschwindigkeit. (Während der Fahrt kann
   zwischen verschiedenen Fahrgeschwindigkeiten gewählt
   werden. Die anfallenden Treibstoffkosten sind verschieden hoch, je nach dem, mit welcher Geschwindigkeit gefahren wird. Es gibt daher jeweils eine bestimmte Fahrgeschwindigkeit, bei der die anfallenden Treibstoffkosten bei gleichen sonstigen Bedingungen minimal wären.)

Ähnlich wie bei der Zurechenbarkeit der Überstundenentgelte[1] zeigt sich auch hier, daß die während der Fortbewegung des Fahrzeuges anfallenden Treibstoffkosten dieser
Fortbewegung nur dann zurechenbar sind, wenn man diese im
Sinne einer Ausführungsleistung sieht, zu der als Merkmal
alle die oben unter 1. bis 3. genannten Bedingungen gehören, die für die Höhe der anfallenden Treibstoffkosten
von Bedeutung sind. Es werden hierbei dann die Gründe
nicht unmittelbar berücksichtigt, warum z.B. die betreffende Fahrgeschwindigkeit gewählt worden ist. Solche Gründe haben sich dann jedoch mittelbar in den Merkmalen der
Fahrt niedergeschlagen.

Während sich eine entsprechende Zurechnung bei den einsatzabhängigen Personalkosten als nicht sehr aussagefähig
erwiesen hat, würden sich im Falle der Treibstoffkosten
hieraus Kennzahlen ergeben, die für Entscheidungen und
Kontrollen der Einsätze der Fahrzeuge von hohem Wert sind,
nämlich spezifische Kostensätze für den Treibstoffverbrauch der Fahrzeuge bei unterschiedlichen Bedingungen.

Hier mag sich der Einwand aufdrängen, daß diese Zurechenbarkeit doch offensichtlich falsch sein muß, da, sofern
einer solchen Fahrt eines Fahrzeuges Erlöse zurechenbar
sind, die der Fahrt auf die beschriebene Weise zugerechneten Kosten diesen Erlösen nicht gegenübergestellt werden
dürften. Diese Kosten müßten nämlich, wie die oben folgenden Überlegungen zeigen, ja zugleich auch anderen Erlösen
gegenübergestellt werden.

Ein solcher Einwand ist jedoch nicht berechtigt. Denn Erlöse sind den Aufträgen zurechenbar, während hier die
Fahrten im Sinne von Ausführungsleistungen betrachtet
werden. Es wäre daher in Hinblick auf eine Ergebnisrech-

---

1) Siehe S. 111 ff.

nung zunächst zu prüfen, ob die hier betrachteten Ausführungsleistungen dem betreffenden Auftrag zurechenbar sind. Eine solche mehrschichtige Betrachtensweise, die bei der Reederei in Hinblick auf eine Einzelkosten- und Deckungsbeitragsrechnung notwendig erscheint, soll durch die gedankliche Trennung von Ausführungsleistung und Auftrag ja gerade erreicht werden.

Es bleibt nun zu untersuchen, wie die Treibstoffkosten, die der Fortbewegung der Fahrzeuge (im oben genannten Sinne von Ausführungsleistungen) zurechenbar sind, den anderen mit der Fortbewegung bewirkten übergeordneten Ausführungsleistungen zurechenbar sind, also dem Transport bestimmter Gütermengen und dem Schleppen anhängender Fahrzeuge. Eine solche Zurechenbarkeit ist praktisch nicht gegeben, und zwar aus mehreren Gründen:

1. Hier ist einmal an die oben bereits genannten Bedingungen zu erinnern, die auf die Höhe der während der Fortbewegung anfallenden Treibstoffkosten von Einfluß sind. So fahren die Fahrzeuge i.d.R. schneller, als es einem minimalen Treibstoffverbrauch (bezogen auf die einzelne Reise) entsprechen würde, und zwar nicht deshalb, weil die betreffende Reise selbst besonders eilig ist, sondern um früher wieder frei zu sein für weitere Leistungen. Die Differenz, um die der Treibstoffverbrauch dann "überhöht" ist, ist auf die Disposition zurückführbar, die Leistungsbereitschaft des Fahrzeuges zu erhöhen. Diese Mehrkosten wären also zu den Bereitschaftskosten zu rechnen, sie wären der gerade ausgeführten Leistung (im oben angeführten Sinne) nicht einzeln zurechenbar.

Nur wenn die Erhöhung der Leistungsbereitschaft in
Hinblick auf eine ganz bestimmte Leistung in Kauf
genommen wird, die bereits bekannt ist und die auf
andere Weise nicht ausführbar wäre, sind diese Mehrkosten einer bestimmten Leistung zurechenbar. In solcher Klarheit ist dieser Fall bei der Reederei aber
praktisch nicht gegeben.

Entsprechende Schwierigkeiten bestehen außer im Zusammenhang mit der Fahrgeschwindigkeit auch in Hinblick auf die anderen oben genannten Bedingungen, die
auf die Höhe der anfallenden Treibstoffkosten von Einfluß sind. So könnte man z.B. bei einer gerade besonders ungünstigen Strömungsgeschwindigkeit des Wassers
mit der Ausführung einer Reise zumindest theoretisch
solange warten, bis diese wieder günstiger ist, um
Treibstoffkosten (bezogen auf diese Reise) zu sparen.

2. Einzelne Beförderungen werden häufig nicht isoliert,
sondern zugleich mit anderen Beförderungen zusammen
auf verbundene Weise erstellt (Kopplung verschiedener
Fahrzeuge oder Transport unterschiedlicher Teilmengen
auf einem Fahrzeug). Die Dispositionen, auf die der
Treibstoffverbrauch in solchen Fällen zurückführbar
ist, betreffen die auf verbundene Weise erstellten Beförderungen zusammen. Die Treibstoffkosten können daher
den Beförderungen einzeln nicht zurechenbar sein[1].

---

1) Ausnahme: wenn über die Ausführung der verbunden erstellten Beförderungen nicht zugleich disponiert wird,
sondern wenn eine Beförderung nachträglich an eine
andere gekoppelt wird, deren Ausführungsweise bereits
festgelegt war. Dann wären die zusätzlich anfallenden
Treibstoffkosten der hinzukommenden Beförderung zurechenbar, sofern nicht andere Argumente dagegenstehen.

3. Ferner ist auch an das Problem der Leerfahrten zu denken[1]. Hat z.B. ein Selbstfahrer, um einen bestimmten Gütertransport zu erstellen, zunächst eine Anfahrt (ohne Beladung) auszuführen, dann könnte man vermuten, daß Treibstoffkosten dieser Anfahrt (sofern ihr überhaupt welche zurechenbar sind) zugleich auch dem anschließenden Gütertransport zurechenbar sind, dem die Anfahrt dient. Hier ist aber einzuwenden, daß die Tatsache, daß die betreffende Anfahrt notwendig ist, nicht unabhängig von dem vorangegangenen Gütertransport des Fahrzeuges ist. Disponiert man z.B. zugleich über zwei Gütertransporte eines Selbstfahrers, und ergibt sich zwischen beiden eine leere Zwischenreise, so sind deren Treibstoffkosten (sofern ihr überhaupt welche zurechenbar sind) weder dem einen noch dem anderen Gütertransport einzeln zurechenbar. Das hier auftretende Problem ist aber letzten Endes noch allgemeiner zu sehen:

Bei der Fahrt eines Fahrzeuges ändert sich simultan mit seiner Standortveränderung auch die Eignung des Fahrzeuges zur Erstellung nachfolgender Reisen, wobei dann oft Zwischenreisen in Kauf genommen werden müssen, bei denen die Kapazität der Fahrzeuge nur schlecht oder überhaupt nicht genutzt ist. Da diese ungünstigen Zwischenreisen davon abhängen, wie man die Beförderungen auf die Fahrzeuge verteilt, hat man beim Einsatz eines Fahrzeuges für eine bestimmte Beförderung zugleich auch die von dem Fahrzeug nachfolgend zu erbringenden Beförderungen im Auge. Die Dispositionen, auf die der Treibstoffverbrauch zurückführbar ist, betreffen somit nicht nur einzelne Beförderungen, sondern ganze Ketten aufeinanderfolgender Beförderungen.

---

1) Siehe hierzu die weitergehende Untersuchung bei Krömmelbein, Gerhard, a.a.O., S. 88 ff.

4. Ferner ist hervorzuheben, daß ein Gütertransport oder
das Schleppen eines Fahrzeuges nicht notwendig mit
einem ganz bestimmten Fahrzeug ausgeführt werden muß,
sondern auch mit anderen Fahrzeugen ausgeführt werden
könnte, die andere spezifische Treibstoffkosten aufweisen. Die sich hieraus für eine Zurechenbarkeit ergebenden Schwierigkeiten sind schon analog bei der Behandlung der Zurechenbarkeit der Personalkosten aufge-
treten, wenn gleiche Arbeiten von Arbeitskräften mit
unterschiedlichen Personalkosten verrichtet werden können. Vor allem aber werden sie ganz allgemein bei der
Zurechenbarkeit der Kosten von Ausführungsleistungen
auf Aufträge von Bedeutung sein. Dies wird in einem
späteren Kapitel[1] behandelt, so daß hier darauf ver-
wiesen werden kann.

5. Schließlich ist zu bedenken, daß die Einsatzdispositio-
nen oft mit erheblichen Unsicherheiten verbunden sind,
daß geplante Einsätze z.B. aufgrund von Wartezeiten in
Häfen oder Witterungseinflüssen oft anders verlaufen
als ursprünglich vorgesehen. Die Dispositionen beim
Einsatz der Fahrzeuge sind deshalb oft insofern unbe-
stimmt, als man zwar bestimmte nachfolgende Einsätze
plant, doch bereits mit möglichen Änderungen und alternativen Einsätzen rechnet.

Bisher ist untersucht worden, inwieweit Treibstoffkosten
auf die Fahrten von Fahrzeugen zurechenbar sind, also auf
Kostenträger. Es bleibt zu fragen, inwieweit Treibstoffkosten auf Kostenstellen zurechenbar sind, also auf Fahrzeuge.

---

1) Siehe S. 126 ff.

Die für die Treibstoffkosten maßgebenden Dispositionen
betreffen den Einsatz der Fahrzeuge und nicht die Fahrzeuge an sich. Die Treibstoffkosten können daher nur den
Einsätzen der Fahrzeuge zurechenbar sein, eine Zurechnung
auf die Fahrzeuge selbst (im Sinne von Kostenstellen)
wäre für sich allein kaum aussagefähig[1]. Zur Beurteilung
der auf einem Fahrzeug angefallenen Treibstoffkosten müßten nämlich stets dessen Einsätze betrachtet werden. Die
Treibstoffkosten der Einsätze sind aber bereits oben bei
der Zurechenbarkeit der Treibstoffkosten auf Leistungen
behandelt worden. Und die für die einzelnen Fahrzeuge
interessierenden Angaben (spezifische Kostensätze über
den Treibstoffverbrauch eines Fahrzeuges unter bestimmten
Leistungsbedingungen) ergeben sich unmittelbar, indem man
diese Einsatzleistungen (zusammen mit den ihnen zurechenbaren Treibstoffkosten) nach Fahrzeugen und Einsatzbedin-
gungen gruppiert.

In Hinblick auf die zeitliche Zurechenbarkeit der Treibstoffkosten treten nach den vorstehenden Überlegungen
keine Probleme auf. Sie sind mit den Maschinenleistungen,
für die sie anfallen, dem Zeitpunkt ihres Entstehens zurechenbar. Sie können damit für jeden beliebigen Zeitabschnitt exakt abgegrenzt werden.

Es ist nun noch auf die Zurechenbarkeit der
S c h m i e r s t o f f k o s t e n  einzugehen, und hier
insbesondere bei der wichtigsten Gruppe, den Kosten für
Motoröl.

---

1) Sie wäre streng genommen im Sinne des Identitätsprinzips auch falsch, weil die **Dispositionen**, auf
   die der Treibstoffverbrauch zurückführbar ist,
   eben außer den Fahrzeugen an sich stets zugleich
   auch deren Einsatz zum Inhalt haben.

Während der Treibstoffverbrauch und die Treibstoffkosten
direkt erfaßbar sind[1), wirkt sich der Motorölverschleiß
nur mittelbar auf die Kosten aus: das Öl in den Motoren der
Fahrzeuge wird gemäß bestimmten Erfahrungsregeln nachge-
füllt bzw. durch neues ausgetauscht, wobei eine Kopplung
an den technologischen Verschleiß nicht zwingend ist, sondern von der Güte der angewandten Erfahrungsregeln abhängig ist. Es leuchtet ein, daß diese Erfahrungsregeln z.B.
übervorsichtig oder auch ungenügend sein können, wobei die
Frage, nach welchen Kriterien das zu beurteilen ist, hier
offen bleiben kann. Denn da die Motorölkosten gemäß den erwähnten Erfahrungsregeln anfallen, ist für ihre Zurechenbarkeit allein entscheidend, woran diese Regeln anknüpfen.

Gemäß diesen Regeln erfolgt der Motorölwechsel normalerweise[2) nach einer bestimmten Anzahl von Betriebsstunden. Das
Nachfüllen des Motoröls erfolgt, wenn beim Volumenschwund
bestimmte Toleranzen unterschritten werden. In beiden Fällen sind die Motorölkosten also allein durch die Leistungen der Motoren bedingt, nicht aber durch Zeitverschleiß.

Die Motorölkosten des Ölwechsels sind somit den Betriebsstunden der Motoren einzeln anteilig zurechenbar, da die
Regeln, nach denen ein Ölwechsel angeordnet wird, an diese
in proportionaler Weise anknüpfen. Im einzelnen gelten die
Grundsätze für die Zurechenbarkeit der Treibstoffkosten
analog.

---

1) Der Treibstoffverbrauch wird zwar normalerweise nur
   chargenweise beim Auffüllen des Treibstofftanks erfaßt,
   prinzipiell wäre es jedoch möglich, ihn genau für jede
   einzelne Leistung der Antriebsaggregate zu messen.

2) Es werden hier die außergewöhnlichen Fälle vernachlässigt, bei denen die Maschinen so lange Zeit unbenutzt
   bleiben, daß ein Motorölwechsel auch ohne Ableistung
   der vorgesehenen Anzahl von Betriebsstunden vorgenommen
   wird, weil das Öl durch zeitbedingte Alterung verdorben
   ist.

Bei der Nachfüllung des Motoröls ist zu beachten, daß
diese meist erst nach Unterschreiten bestimmter Toleranz-
grenzen erfolgt. Prinzipiell wäre es aber möglich, den
eintretenden Schwund pro Betriebsstundde zu erfassen. Entsprechend sind den einzelnen Betriebsstunden die sich hieraus ergebenden Motorölkosten zurechenbar[1]. Im übrigen gelten auch hier die Überlegungen zu den Treibstoffkosten
analog.

Die außer für Motoröl anfallenden Kosten für andere
Schmierstoffe betreffen so vielfältige Zwecke, daß sie
hier nicht im einzelnen behandelt werden können. Im wesentlichen werden sie nicht für einzelne Leistungen aufgewendet, sondern für die Betriebsbereitschaft der Fahrzeuge, wobei sich insbesondere auch ein Zeitverschleiß
auswirkt. Im ganzen gesehen dürfte es vertretbar sein,
all diese Schmierstoffkosten voll der Betriebsbereitschaft
der Fahrzeuge zuzurechnen, für die sie aufgewendet werden[2]. In Hinblick auf ihre zeitliche Zurechenbarkeit
ist davon auszugehen, daß die Wirkung auf die jeweils
betroffene Betriebsbereitschaft sich auf einen künfti-
gen Zeitraum erstreckt, dessen Ende im voraus nicht bekannt ist, so daß diese Kosten in jedem Fall als Periodengemeinkosten angesehen werden müssen.

---

1) Genau genommen müssen dabei auch die Unterschiede
   beim Schwund je Betriebsstunde berücksichtigt
   werden.

2) Eine in gewissem Umfang meist gegebene Leistungsabhängigkeit muß dabei wohl außer acht bleiben.

## 4. Organisationsgebühren und ähnliche Kosten

Einige Kostenarten nehmen insofern eine Sonderstellung
ein, als sie zwangsläufig mit der Ausführung eines Auftrages in bestimmter Höhe anfallen, unabhängig von der
Art und Weise dieser Ausführung. Diese Kosten sind:

Organisationsgebühren,

Frachtenausgleichsabgaben,

Prämien der Warenversicherung und

Kanalabgaben (soweit sie die Güter des Auftrages
betreffen).

Obwohl diese Kostenarten größenmäßig weniger ins Gewicht
fallen als viele der anschließend pauschal behandelten
übrigen Kostenarten, sollen sie wegen ihrer besonderen
Eigenarten hier gesondert behandelt werden.

Die Höhe dieser Kosten liegt jeweils mit der Annahme des
zugrunde liegenden Auftrages fest, sie sind daher dem jeweiligen Auftrag zurechenbar.

Ausgelöst werden diese Kosten jedoch erst mit der Ausführung der einzelnen im Auftrag enthaltenen Leistungen.
Dennoch wäre eine Zurechnung dieser Kosten auf die Ausführungsleistungen, durch die sie ausgelöst werden, nicht
sinnvoll, da sie für die Wahl der Ausführungsleistungen
selbst ohne Bedeutung sind. Eine solche Zurechnung könnte
sogar zu falschen Angaben führen, wenn die Ausführungsleistungen ihrerseits nicht den betreffenden Aufträgen
zurechenbar sind. Dann würde die bestehende Zurechenbarkeit auf die Aufträge nämlich nicht ersichtlich.

Diese genannten Kostenarten sollten wegen ihrer besonderen Zurechenbarkeit in einer besonderen Kostenkategorie zusammengefaßt werden, die als A u f t r a g s k o s t e n bezeichnet werden soll.

## 5. Sonstige Kosten

Die bisher behandelten Kostenarten sind besonders typisch für die bei der Zurechenbarkeit von Kosten auf Ausführungsleistungen und Betriebsteile bei der Reederei und darüber hinaus in der Binnenschiffahrt überhaupt auftretenden Probleme. Zugleich machen sie mit rd. 82 % den überwiegenden Anteil der Kosten der Reederei aus. Die bisherigen Ausführungen lassen im wesentlichen bereits erkennen, welche grundlegenden Möglichkeiten und Grenzen für die Zurechenbarkeit der Kosten auf Ausführungsleistungen und Betriebsteile bei den Betriebsgegebenheiten der Reederei bestehen.

Gemäß der Zielsetzung dieser Arbeit, nur die wesentlichen Probleme der Zurechenbarkeit zu behandeln und eher ins Detail zu gehen als Vollständigkeit zu versuchen, kann die Zurechenbarkeit auf Ausfühungsleistungen und Betriebsteile bei den übrigen Kostenarten pauschal behandelt werden. Das ist vor allem auch deshalb berechtigt, weil die dort auftretenden Probleme überwiegend in gleicher Weise bei anderen Wirtschaftszweigen bestehen, also für die Reederei nicht typisch sind.

Diese übrigen Kosten sind Bereitschaftskosten und als solche nur der Bereitschaft zur Erstellung von Leistungen, nicht aber den tatsächlich erstellten Leistungen zurechenbar.

Hier sind einmal die Abschreibungen zu erwähnen, die als einzelnen Perioden angelastete Amortisationsraten zwar in ihrer Summe den einzelnen Fahrzeugen oder Teilen derselben (z.B. Maschinen der Fahrzeuge) zurechenbar sind, nicht aber einzelnen Zeitabschnitten[1]. Gleiches gilt für Reparaturaufwendungen oder Rückstellungen hierfür.

Dagegen sind Mieten für bereederte Fahrzeuge, Rheinfunkanlagen, Büroräume und dergleichen den jeweiligen Anlagen und zeitlich der jeweiligen Dauer der Mietverträge bzw. Kündigungsintervalle zurechenbar. Die Versicherungskosten sind den jeweiligen versicherten Objekten und zeitlich ebenfalls der Dauer der Verträge bzw. Kündigungsintervalle zurechenbar.

Bei den Kosten für Schiffs- und Werkstattmaterialien kann eine teilweise gegebene Leistungsabhängigkeit praktisch nicht berücksichtigt werden. Diese Kosten sind jeweils nur den Betriebsbereichen zurechenbar, für die der Wertverzehr anfällt, also z.B. den einzelnen Fahrzeugen. Da die zeitliche Wirkung des Materialeinsatzes auf die Betriebsbereitschaft jeweils offene[2] Perioden betrifft, sind diese Kosten stets als Periodengemeinkosten zu behandeln.

Die übrigen Kosten schließlich, wie Stromkosten, Postgebühren oder Werbungskosten, sind jeweils den Funktionen

---

1) Zur Zurechenbarkeit der Abschreibungen siehe insbesondere Riebel, Paul: Problematik der Normung von Abschreibungen, Stuttgart, 1963.
   Die Abschreibungssumme ist erst der Gesamtnutzungsdauer und solchen Perioden, die diese einschließen, zurechenbar.

2) Zu Begriff und Problem der "offenen Periode" siehe Riebel, Paul: Kurzfristige unternehmerische Entscheidungen ..., a.a.O., S. 11

bzw. den Bereichen der Betriebsbereitschaft zurechenbar,
für die sie aufzuwenden sind, also insbesondere der kauf-
männischen und technischen Verwaltung. Sie sind meist auch
größeren Zeitabschnitten, wie einem Kalenderjahr, zurechenbar, was hier ebenfalls nicht im einzelnen verfolgt werden
soll. Vereinzelte weitergehende Zurechenbarkeiten (z.B.
bei Telefongebühren auf bestimmte Leistungen und Aufträge)
können wegen ihrer Geringfügigkeit an dieser Stelle vernachlässigt werden.

## C. Die Zurechenbarkeit der Kosten auf Aufträge

Wenn auch die Zurechnung von Kosten auf Ausführungsleistungen und Betriebsteile in Hinblick auf viele Dispositionen und Kontrollen sehr wichtig ist, so sollten die
Kosten doch auch möglichst den Aufträgen zugerechnet werden, um die Kosten auf diese Weise den erzielten Erlösen
gegenüberstellen zu können.

Dabei ist hier nicht wiederum von den einzelnen Kostenarten selbst auszugehen. Bei der in dieser Arbeit vorgenommenen mehrschichtigen und schrittweisen Betrachtung
der Zurechenbarkeit handelt es sich nun vielmehr um das
Problem, wie die Kosten der Ausführungsleistungen und Betriebsteile dem mit diesen letzten Endes verfolgten Ziel,
nämlich der Erfüllung der Aufträge zurechenbar sind[1]. Da
die Zurechenbarkeit von Kosten auf Aufträge so große Bedeutung in Hinblick auf die Ergebnisrechnung hat, sollen
die folgenden Überlegungen hierzu jedoch möglichst so

---

1) Eine Ausnahme bilden jedoch die größenmäßig unbedeutenden "Auftragskosten" (siehe S. 124), sie sind den Aufträgen direkt zurechenbar.

aufgebaut werden, daß sie unabhängig davon, zu welcher
Ansicht man hinsichtlich der Zurechenbarkeit der Kosten
auf Ausführungsleistungen und Betriebsteile kommt, Gül-
tigkeit haben.


## 1. Die Zurechenbarkeit der Kosten auf einzelne Aufträge

Bei den einzelnen Aufträgen, die die Reederei erbringt,
bestehen in praktisch allen[1] Fällen mehrere Möglichkeiten, nach denen die Ausführung der verlangten Marktleistungen erreicht werden kann, es kommen also jeweils alternative Ausführungsleistungen in Betracht. So kommt zum einen
Fremderstellung in Frage. Zum anderen besteht die Möglichkeit, die einzelnen Aufträge oder Teile derselben mit
eigenen Fahrzeugen selbst auszuführen, wobei dann zwischen
verschiedenen eigenen Fahrzeugen, verschiedenen Ausfüh-
rungszeitpunkten und verschiedenen sonstigen Bedingungen
der Ausführung[2] gewählt werden kann.

Solche Dispositionen über die Ausführung der Aufträge sind
im ganzen gesehen nicht unabhängig voneinander, weil die
Wahl einer bestimmten Ausführungsalternative für einen bestimmten Auftrag den Kreis der für andere Aufträge in Betracht kommenden Ausführungsmöglichkeiten beeinflußt. So
reicht die Kapazität der eigenen Fahrzeuge der Reederei
nur aus zur Erstellung von etwa der Hälfte[3] der insgesamt zu erbingenden Aufträge, die anderen müssen also

---

1) Dabei ist zu beachten, daß das nur vom Einzelfall aus
   gesehen gilt, denn im ganzen muß aufgrund gesetzlicher
   Verpflichtung ein gewisser Anteil der Aufträge von
   Partikulieren erstellt werden (siehe S. 14).

2) Z.B.: Kombination verschiedener Marktleistungen zu Umläufen oder Folgen von Umläufen, gewählte Geschwindigkeit.

3) Gemessen an den für die Aufträge erzielten Erlösen.

fremderstellt werden. Obwohl einzeln gesehen für jeden
Auftrag Selbsterstellung möglich wäre, werden durch die
Wahl der Selbsterstellung für bestimmte Aufträge andere
Aufträge von dieser Möglichkeit verdrängt und müssen
fremderstellt werden. (Dabei können je nach dem Inhalt der
Aufträge Besonderheiten gelten, auf die noch einzugehen
sein wird.) Die Dispositionen über die Ausführung der ein-
zelnen Aufträge sind daher miteinander verbunden.

Diese Verbundenheit zwischen den Ausführungsdispositionen
hat für die Einzelkostenrechnung einschneidende Konsequenzen, da den wahlweise jeweils in Frage kommenden Ausführungsleistungen zumeist verschieden hohe Kosten zurechenbar sind. So sind insbesondere die Entgelte, die bei
Fremderstellung von Aufträgen an die fremden Frachtführer
zu zahlen sind, i.d.R. wesentlich höher als die Kosten,
die bei Selbsterstellung den von den eigenen Fahrzeugen
alternativ zu erbringenden Eigenleistungen zurechenbar
sind[1]. Aber auch zwischen den verschiedenen Möglichkeiten der Selbsterstellung können erhebliche Kostenunterschiede bestehen.

Angenommen, es seien die beiden Aufträge $a_1$ und $a_2$ auszuführen, und für jeden der Aufträge sei sowohl Selbst- als
auch Fremderstellung möglich, jedenfalls einzeln gesehen.
Wird nun z.B. der Auftrag $a_1$ selbsterstellt und der Auftrag $a_2$ fremderstellt, so folgt hieraus nicht notwendig,
daß dem Auftrag $a_1$ die Einzelkosten der von den eigenen
Fahrzeugen erbrachten Eigenleistungen zurechenbar sind,
und daß dem Auftrag $a_2$ die für seine Ausführung an die

1) Die heute übliche Vollkostenrechnung vermindert oder
beseitigt diese Kostenunterschiede zwischen Selbst-
und Fremderstellung oder kann sie sogar umkehren, weil
dort zumeist alle Kosten der Reederei auf die Leistungen ihrer Fahrzeuge verteilt werden, ohne Rücksicht
auf deren Zurechenbarkeit.

fremden Frachtführer bezahlten Frachten zurechenbar sind.
Wenn nämlich die Kapazität der eigenen Fahrzeuge entweder
nur die Erstellung von $a_1$ o d e r von $a_2$ erlaubt, dann
war mit der Entscheidung, $a_1$ selbst zu erstellen, zwangsläufig zugleich entschieden, daß $a_2$ fremd erstellt werden
muß. In diesem Fall wäre eine isolierte Entscheidung, die
nur die Ausführung von $a_1$ oder von $a_2$ betrifft, überhaupt
nicht möglich; die Entscheidungen über die Ausführung von
$a_1$ und $a_2$ wären vielmehr miteinander verbunden. Entsprechend den Grundsätzen der Einzelkosten- und Deckungsbeitragsrechnung dürfen in einem solchen Fall die Kosten der
Ausführung der beiden Aufträge, soweit[1] diese Kosten von
der Wahl der beiden Ausführungsalternativen abhängig sind,
weder auf $a_1$ noch auf $a_2$ einzeln zugerechnet werden. Ausführungskosten können insoweit vielmehr nur $a_1$ und $a_2$ gemeinsam zugerechnet werden.

Eine solche globale Zurechnung auf beide Aufträge gemeinsam wäre kein spezifischer Nachteil des Systems der Einzelkostenrechnung, sondern wäre durch die Natur der betrieblichen Gegebenheiten begründet. So könnte z.B. die
Fragestellung an die Kostenrechnung, ob der Auftrag $a_1$
"so billig wie möglich" ausgeführt worden ist, von der
Einzelkostenrechnung nicht beantwortet werden. Eine solche Fragestellung wäre jedoch aus den dargelegten Gründen
auch sachlich unangemessen. Man müßte vielmehr fragen, ob
$a_1$ und $a_2$ g e m e i n s a m "möglichst billig" ausgeführt worden sind.

Die beschriebene Unmöglichkeit, Kosten der Ausführung von
Aufträgen auf e i n z e l n e Aufträge zuzurechnen, be-

---

1) Soweit die Kosten der in Frage stehenden Ausführungsalternativen gleich sind oder soweit überhaupt nur eine
   einzige Möglichkeit für die Ausführung besteht, sind
   dem Auftrag die Kosten der Ausführung zurechenbar, wie
   noch zu zeigen sein wird.

steht bei allen Aufträgen, die die Reederei erstellt, mit
2 unbedeutenden Ausnahmen:

1. Bei einigen Aufträgen besteht keine Wahlmöglichkeit
   bei ihrer Ausführung, so z.B. bei den unmittelbar vor
   ihrer Ausführung unterwegs angenommenen Zusatztrans-
   porten[1]. In diesen Fällen steht bei der Annahme der
   betreffenden Aufträge zugleich die Art ihrer Ausführung
   fest. Deshalb sind die Einzelkosten der auf ihre Ausführung zurückführbaren Ausführungsleistungen diesen
   Aufträgen zurechenbar.

2. Einige größenmäßig geringfügige Kosten fallen unabhängig von der Art und Weise der Ausführung eines Auftrages zwangsläufig in bestimmter Höhe an, wie Organisationsgebühren, Frachtenausgleichsabgaben und manche
   Kanalabgaben. Sie müssen mit der Ausführung des betreffenden Auftrages in jedem Fall in Kauf genommen
   werden und sind daher dem Auftrag zurechenbar. Diese
   Kosten wurden oben[2] zu einer besonderen Kategorie zusammengefaßt: den A u f t r a g s k o s t e n .

Darüber hinaus ergeben sich in Hinblick auf einige spezielle Fragestellungen weitergehende Zurechenbarkeiten: wird
ein gegebenes Leistungsprogramm, das die Aufträge $a_1$, $a_2$,
..., $a_n$ umfaßt und dessen Ausführung in der beschriebenen
Weise verbunden ist, um den Auftrag $a_{n+1}$ vermehrt, dann
erhöhen sich die Kosten der Ausführung des Leistungspro-
grammes um einen bestimmten Betrag. Dieser Betrag wäre in
einer Grenzbetrachtung dem Auftrag $a_{n+1}$ zurechenbar, wobei

---

1) Bei sehr sorgfältiger Betrachtung zeigt sich jedoch
   auch hier, daß gewisse Alternativen bei der Ausführung
   gegeben sind, und sei es nur die Wahl zwischen verschiedenen Fahrgeschwindigkeiten. Welche Bedeutung
   diesem Einwand zukommt, kann letzten Endes aber nicht
   allgemein, sondern nur im konkreten Einzelfall entschieden werden.

2) Siehe S. 123 f.

es unerheblich wäre, ob diese Kosten tatsächlich bei Ausführung von $a_{n+1}$ oder bei Ausführung anderer Leistungen
anfallen. (Die Art der Ausführung dieser anderen Leistungen kann sich durch das Hinzukommen von $a_{n+1}$ verändern.)
Entsprechendes gilt für eine Verminderung des Leistungsprogramms.

Solche Aspekte können jedoch allenfalls in S o n d e r -
r e c h n u n g e n  berücksichtigt werden, es kann normalerweise nicht Aufgabe einer Einzelkostenrechnung sein,
solche Rechnungen laufend in Hinsicht auf den Eventual-
fall zu erstellen, daß sie vielleicht einmal von Interesse sind[1].

Angesichts der außerordentlich engen Grenzen, die der Zurechenbarkeit von Ausführungskosten auf einzelne Aufträge
gesetzt sind, sei nun aber auch hier darauf hingewiesen,
daß selbstverständlich in Ergänzung zu einer strengen Einzelkostenrechnung Kostenstatistiken möglich sind, die
(nach Einführung bestimmter Annahmen und Fiktionen) eine
weitergehende Zuordnung der Ausführungskosten auf einzelne Aufträge vornehmen. Solchen Zuordnungen läge dann
keine Zurechenbarkeit im Sinne des strengen Identitätsprinzips zugrunde[2]. Sie können jedoch im Rahmen der Fiktionen, auf denen sie aufbauen, wertvolle Entscheidungs-
hilfen bieten.

---

1) Zudem hätte eine solche Betrachtensweise wohl auch nur
   Modell-Charakter und dürfte praktisch selbst in Sonderrechnungen kaum theoretisch sauber verwirklicht werden
   können, da die Kosten des "gegebenen Leistungsprogramms",
   von dem oben gesprochen wurde, exakt bekannt sein müßten. Wegen der Verbundenheit zeitlich aufeinanderfolgender Leistungen der Reederei ist das jedoch nicht exakt
   möglich.
2) Siehe hierzu die Ausführungen über entsprechende Hilfs-
   rechnungen bei der Zurechnung von einsatzunabhängigen
   Personalkosten auf einzelne Fahrzeuge, wobei analoge
   Probleme auftreten ( S. 95 f.).

So wäre es in Hinblick auf die besonders wichtigen und
laufend zu treffenden Entscheidungen, welche Aufträge
(bzw. Teilaufträge) selbsterstellt und welche fremderstellt werden sollen, von Interesse, hierbei statistische
Erfahrungswerte über die dabei anfallenden Kosten zu haben
(auch wenn diese nicht exakt zurechenbar wären, denn eine
umfassende Beachtung der komplexen Zusammenhänge zwischen
den anfallenden Kosten und den Ausführungsdispositionen
ist im laufenden Entscheidungsprozeß praktisch nicht möglich). In Hinblick auf Fremderstellung wären diese Kosten
unmittelbar den Binnenschiffahrtstarifen zu entnehmen. Da
aber hier gewisse Unsicherheiten hinsichtlich des Wasser-
standes und der Lade- und Löschzeiten bestehen, können
dennoch statistische Beobachtungen von Interesse sein,
um Durchschnittswerte verfügbar zu haben (aber auch die
Streuung der Erfahrungswerte).

Entsprechend wären bei Selbsterstellung Erfahrungswerte
über die hierbei anfallenden Kosten von Interesse, wobei
diese nach verschiedenen Fahrzeugtypen und Fahrzeugen unterschieden werden sollten. Dabei wäre auch hier außer
Durchschnittswerten die Streuung der Erfahrungswerte wichtig. Zusätzlich wäre eine Differenzierung nach weiteren
Merkmalen denkbar, z.B. nach der Jahreszeit, nach Wasserständen und nach den gegebenenfalls bei der Ausführung bestehenden Verbundenheiten mit anderen Leistungen (insbesondere, wenn diese Verbundenheiten regelmäßig wieder-
kehren).

Die vorangegangenen Überlegungen über die Zurechenbarkeit
der Kosten auf Ausführungsleistungen und einzelne Aufträge
machen jedoch deutlich, wie problematisch die Aussagefähigkeit solcher Kostenstatistiken sein muß. Man sollte
daher versuchen, immer auch die Möglichkeiten der exakten

Zurechenbarkeit der Ausführungskosten auf die Ausführungsleistungen selbst mit zu berücksichtigen, auch wenn diese
Zurechenbarkeiten recht differenziert sind und eben keine
pauschalen Aussagen über die Kosten eines einzigen Auftrages erlauben.

## 2. Die Zurechenbarkeit der Kosten auf Mehrheiten von Aufträgen

Es hat sich gezeigt, daß die zur Ausführung der Aufträge
aufzuwendenden Kosten ganz überwiegend den jeweils ausgeführten Aufträgen nicht einzeln zurechenbar sind, weil
die Ausführungsdispositionen nicht isoliert für einzelne
Aufträge getroffen werden. Es bleibt zu untersuchen, ob
die Kosten der Ausführung, die nicht e i n z e l n e n
Aufträgen zurechenbar sind[1], auf relativ eng begrenzte
M e h r h e i t e n von Aufträgen oder aber nur auf die
Gesamtheit aller Aufträge zurechenbar sind. Denn allein
auf die Gesamtheit aller Aufträge wären sie aus den früher erwähnten Gründen nämlich nur dann zurechenbar, wenn
zwischen den Ausführungsdispositionen a l l e r dieser
Aufträge die erwähnten Verbundenheiten bestehen.

Entscheidend ist, ob über die Ausführung mehrerer Aufträge unabhängig von Dispositionen über die Ausführung

---

1) Soweit Kosten der Ausführung von Aufträgen auf
   einzelne Aufträge zurechenbar sind, bleiben sie
   in diesem Kapitel außer acht, weil diese stets
   auch auf Mehrheiten von Aufträgen zurechenbar
   sind, die die betreffenden Aufträge einschließen.

anderer Aufträge disponiert werden kann[1), denn dann
können einer solchen Mehrheit von Aufträgen jene Kosten
zugerechnet werden, die den für diese Gesamtheit von
Aufträgen erbrachten Ausführungsleistungen zurechenbar
sind.

Eine solche eindeutige Zurechnung der Kosten von Ausführungsleistungen auf bestimmte Mehrheiten von Aufträgen
ist immer dann gegeben, wenn bestimmte betriebliche Kapazitäten aufgrund ihrer technischen Eigenarten grundsätzlich nur zur Erstellung einer bestimmten Art von Aufträgen
geeignet sind, ohne für andere Arten von Aufträgen verwendbar zu sein.

Dann bestehen nämlich nur zwischen den Aufträgen, die von
den betreffenden Kapazitäten erstellt werden können, Verbundenheiten, weil nur sie um die betreffenden betrieblichen Kapazitäten "konkurrieren". Die Dispositionen über
ihre Ausführung wären insofern unabhängig von den Dispositionen über die Ausführung anderer Aufträge. In solchen
Fällen können die Einzelkosten der Ausführungsleistungen,
die mit diesen betrieblichen Kapazitäten erbracht werden,
der "zugehörigen" Mehrheit von Aufträgen zugerechnet werden, und zwar jeweils nicht allein den selbsterstellten,
sondern zugleich auch den fremderstellten Aufträgen, die
mit den betreffenden Kapazitäten prinzipiell hätten aus-

1) Dabei ist für die Zurechenbarkeit stets der Planungshorizont (der Umfang der einbezogenen Alternativen)
entscheidend, der in Hinblick auf optimale Entscheidungen notwendig ist, nicht aber ein kleinerer Planungshorizont. (Der effektive Planungshorizont ist
i.d.R. kleiner als der notwendige.)

Selbst wenn z.B. aufgrund fehlerhafter Disposition
völlig unbeachtet bleibt, daß die Aufträge bei ihrer
Ausführung um die Kapazität der eigenen Fahrzeuge
"konkurrieren", ändert das nichts an der hier dargelegten Zurechenbarkeit der Kosten.

geführt werden können. (Es ist hierbei also jeweils die
Gesamtheit der betreffenden selbst- und fremderstellten
Aufträge zum Bezugsobjekt zu wählen.)

Bezugsobjekte dieser Art werden aber nicht losgelöst von
der zeitlichen Dimension interessieren, sondern für einen
bestimmten Zeitraum. Deshalb wird i.d.R. auch eine
z e i t l i c h e   A b g r e n z u n g [1] solcher Bezugsobjekte und der zurechenbaren Kosten notwendig sein.

Nach diesen allgemeinen Überlegungen wäre zu erwarten,
daß die Einzelkosten der Ausführungsleistungen eines Fahrzeuges einer bestimmten Mehrheit[2] von Aufträgen zurechenbar sind: nämlich der Gesamtheit der Aufträge, zu deren
Erstellung das Fahrzeug prinzipiell geeignet ist. Es zeigt
sich aber, daß die Fahrzeuge zwar hauptsächlich zur Erstellung eines jeweils relativ eng begrenzten Kreises von
Aufträgen geeignet und vorwiegend hierfür eingesetzt sind.
Darüber hinaus erstellen die Fahrzeuge aber aushilfsweise
auch andere Aufträge oder wirken bei der Erstellung anderer Aufträge mit. Gemessen an den Einsatz m ö g l i c h -
k e i t e n  der Fahrzeuge kämen deshalb jeweils nur Ge-
samtheiten meist recht heterogener Aufträge als Bezugsobjekt in Betracht.

---

1) Bei einer solchen zeitlichen Abgrenzung ergeben sich
   Schwierigkeiten, weil diese Aufträge den Untersuchungszeitraum überlappen können. Im Interesse einer sauberen
   zeitlichen Abgrenzung wäre es dann nötig, nur die dem
   Untersuchungszeitraum exakt zurechenbaren Aufträge zu
   betrachten. Hierunter kann jedoch die sachliche Zurechenbarkeit leiden, weil die hier betrachteten Ausführungsleistungen eben zugleich auch den zeitlich nicht
   exakt in den Untersuchungszeitraum fallenden Aufträgen
   zurechenbar sein können.

2) Von der erwähnten zeitlichen Abgrenzung dieser Aufträge
   wird hier abgesehen, weil bereits die hier behandelten
   sachlichen (also nicht die zeitliche Abgrenzung betreffenden) Argumente die in Frage stehende Zurechnung ausschließen.

So sind die Kähne auf den ersten Blick nur zur Erstellung von Gütertransporten geeignet, nicht aber für reine
Schleppleistungen, da sie keine eigene Antriebskraft be-
sitzen. Andererseits können aber die Leistungen der Kähne
mit der Erstellung reiner Schleppleistungen sehr eng verbunden sein: etwa dann, wenn ein Schleppzug bei Erstellung
eines Gütertransportes (mit eigenen Kähnen) zugleich eine
Schleppleistung für einen mitgeschleppten fremden Kahn
erbringt. Bei einem solchen Verbund kann die Inanspruchnahme der eigenen Kähne z.B. durch zusätzliche Wartezeiten erhöht sein, die durch die zusätzliche Schleppleistung
für Dritte bedingt sind. Streng genommen sind daher die
Einzelkosten der Ausführungsleistungen der Kähne nicht nur
den Aufträgen über Gütertransporte, sondern zugleich auch
denen über Schleppleistungen zurechenbar.

Entsprechendes gilt für alle Fahrzeuge der Reederei. Trotz
der Spezialisierung der Fahrzeuge für bestimmte Güterarten
oder ihrer Eignung für bestimmte Relationen (aufgrund ihrer Größe und/oder Motorenstärke) tritt immer die Schwierigkeit auf, daß die Möglichkeit der Mitwirkung bei Erstellung anderer Aufträge als der, für deren Erstellung
die Fahrzeuge in erster Linie geeignet sind, es verhindert,
relativ eng begrenzte Mehrheiten von Aufträgen zum Bezugsobjekt zu wählen, dem die Ausführungskosten dann zurechenbar wären.

In diesem Zusammenhang mag der Gedanke von Interesse sein,
hier als Näherungsrechnung nach Art einer Restwertrechnung
vorzugehen. Man würde dabei von den Kosten der Ausführungsleistungen eines Fahrzeuges zunächst die Deckungsbeiträge
der Nebenleistungen absetzen (nämlich die Erlöse der Nebenleistungen abzüglich gegebenenfalls anfallender Einzelkosten der Nebenleistungen) und dann die verbleibenden Kosten
auf die (Haupt-) Aufträge beziehen, für deren Erstellung

das Fahrzeug in erster Linie vorgesehen ist. Dieser Weg,
der im übrigen nur soweit gangbar ist, wie den betreffenden Nebenleistungen Erlöse zurechenbar sind, liegt jedoch
auf der Ebene der die strenge Einzelkostenrechnung ergänzenden Rechnungen und soll hier deshalb nicht weiter verfolgt werden.

Bei der Besprechung der Zurechenbarkeit der Kosten auf
Mehrheiten von Aufträgen ist bisher nur von den Kosten
gesprochen worden, die den Ausführungsleistungen zurechenbar sind (Ausführungskosten). Es stellt sich nun aber
auch in Hinblick auf die Bereitschaftskosten die Frage,
wie diese solchen Mehrheiten von Kundenaufträgen zurechenbar sind. Dabei sollen hier nur die Bereitschaftskosten
der Flotte behandelt werden.

Zuvor sei jedoch noch darauf hingewiesen, daß die Probleme
der Zurechenbarkeit von Kosten auf Aufträge, worunter bisher nur Aufträge von Dritten (Kundenaufträge) behandelt
worden sind, analog auch bei jenen Aufträgen bestehen, die
nicht von Dritten erhalten werden, sondern die intern ver-
geben worden sind (Innenaufträge). Zu denken ist hier z.B.
an den Auftrag über das Verschleppen eines eigenen Kahnes
oder an einen Reparaturauftrag. Nun ist aber das ganz allgemeine Problem, daß bei der Kostenzurechnung auf Leistungen zwischen der Leistungsaufgabe bzw. dem Leistungseffekt
einerseits und der Ausführungsleistung andererseits unterschieden werden muß, bereits ausführlich behandelt worden.
Da es ferner für die Frage der Zurechenbarkeit von Kosten
auf Aufträge ohne Bedeutung ist, von wem die Aufträge gestellt sind, soll hier die Behandlung der Außenaufträge
(Kundenaufträge) genügen, die ja in Hinblick auf die Dek-
kungsbeitragsrechnung von ganz besonderer Wichtigkeit
sind.

Soweit die Bereitschaftskosten der Flotte einzelnen Fahrzeugen zurechenbar sind, könnte man zunächst vermuten,
daß diese Bereitschaftskosten zugleich der Summe der Aufträge zurechenbar sind, zu deren Erstellung (oder Mitwirkung bei ihrer Erstellung) diese Fahrzeuge geeignet sind.

Vollkommen analog zu den obigen Überlegungen über die Zurechenbarkeit der Ausführungskosten ergibt sich aber auch
bei den Bereitschaftskosten, daß der Kreis der Aufträge,
die hier in Betracht gezogen werden müßten, außerordentlich groß ist. Es ergibt sich ferner, daß Bereitschaftskosten der Flotte, die nicht einmal einzelnen Fahrzeugen
zurechenbar sind, sondern nur mehreren Fahrzeugen oder der
Flotte im ganzen, praktisch nur der Gesamtheit der erstellten Aufträge zurechenbar sein könnten.

Es ist in diesem Zusammenhang aber auf ein generelles Problem hinzuweisen, das der Zurechenbarkeit von Bereitschaftskosten auf Aufträge (und darüber hinaus auf Leistungen überhaupt) entgegensteht: die Bereitschaftskosten
sind auf Dispositionen über die Betriebsbereitschaft zurückführbar, also z.B. auf die Anschaffung eines Fahrzeuges oder die Einstellung von Personal. Die Aufträge sind
dagegen auf die Dispositionen über die Annahme der Aufträge zurückführbar. Nun ist es für die Annahme von Aufträgen zwar eine Voraussetzung, daß Kapazitäten zu ihrer
Ausführung vorhanden sind. Über die Betriebsbereitschaft
wird jedoch (normalerweise) in Hinblick auf ein erwarte-
tes und noch nicht festliegendes Auftragsvolumen disponiert, also nicht in Hinblick auf bestimmte Aufträge. Entsprechend sind die Dispositionen über die Annahme von Aufträgen nicht identisch mit denen über die Betriebsbereitschaft. Bereitschaftskosten können daher im strengen Sinne
des Identitätsprinzips prinzipiell nicht auf konkrete Aufträge (auch nicht auf eine Summe konkreter Aufträge), son-

dern immer nur auf die Bereitschaft zur Erstellung bestimmter Auftragsarten zurechenbar sein.

Zu einem anderen Ergebnis kommt man lediglich in einigen
Sonderfällen, so z.B. wenn ein Spezialfahrzeug ausschließlich für die Durchführung eines bestimmten Dauer-
auftrages angeschafft wird. (Hier erfolgt die Anschaf-
fungsdisposition meist sogar erst, nachdem der betreffende Auftrag gesichert ist.) In solchen Fällen wäre dann
z.B. die Summe der Abschreibungen (Amortisationsraten)
auf dieses Fahrzeug dem betreffenden Auftrag zurechenbar. Sofern ein solches Fahrzeug aber auch zur Erstellung anderer Aufträge herangezogen werden könnte, wären
diese Kosten allerdings wiederum nur der Gesamtheit dieser Aufträge zurechenbar.

Ähnliche Fälle der Zurechenbarkeit von Bereitschaftskosten können auch gegeben sein, wenn man einen geplan-
ten Kapazitätsabbau in Hinblick auf einen ganz bestimmten Auftrag (oder mehrere) unterläßt bzw. aufschiebt.
Auf solche in einer laufenden Rechnung nicht ausweis-
baren und im ganzen gesehen auch wenig bedeutsamen Zurechenbarkeiten soll hier jedoch nicht weiter eingegangen werden.

## D. Konsequenzen für eine laufende Einzelkostenrechnung

Die Untersuchung der Zurechenbarkeit der Kosten hat ergeben, daß die Kostenarten der Reederei unterschiedlich
zurechenbar sind, je nach dem, um welche Kostenarten es
sich handelt. (Hier besteht also ein Unterschied zu den
Erlösen, bei denen sich die verschiedenen Erlösarten in
ihrer Zurechenbarkeit auf die Bezugsobjekte praktisch
nicht unterscheiden.)

Die Kostenarten der Reederei können nach ihrer Zurechenbarkeit in folgende Kategorien gegliedert werden:

1. Einige Kosten sind den Aufträgen zurechenbar, nicht
   jedoch den Ausführungsleistungen oder der Betriebsbereitschaft. Diese im ganzen gesehen größenmäßig
   unbedeutenden Kosten können als "A u f t r a g s -
   k o s t e n" bezeichnet werden.

2. Andere Kosten sind den Ausführungsleistungen zurechenbar, sie können als "A u s f ü h r u n g s k o s t e n"
   bezeichnet werden.

   Dabei sind unter Ausführungsleistungen[1] die vielfäl-
   tigen Tätigkeiten und Vorgänge zu verstehen, die beim
   Leistungsprozeß der Reederei ablaufen, und mit deren
   Ablauf die Ausführungskosten anfallen. Es gibt außerordentlich vielfältige Möglichkeiten, zwischen verschiedenen Ausführungsleistungen zu unterscheiden, und
   in Hinblick auf einen möglichst vollständigen Ausweis
   der Zurechenbarkeiten der Ausführungskosten ist es
   notwendig, hier sehr differenziert vorzugehen.

---

1) Siehe hierzu auch S. 76 ff.

Die Ausführungsleistungen können auf vielfältige Weise
miteinander verbunden sein (ebenso wie die betrieblichen Dispositionen selbst). Hierbei sind dann Kosten,
die einer Ausführungsleistung einzeln zurechenbar sind,
immer ebenso wie diese Ausführungsleistung selbst anderen Bezugsobjekten zurechenbar: sofern also eine Ausführungsleistung einem bestimmten anderen Bezugsobjekt
zurechenbar ist, sind auch die Kosten, die der betreffenden Ausführungsleistung selbst zurechenbar sind,
diesem anderen Bezugsobjekt zurechenbar.

Zwischen den Ausführungsleistungen bestehen hierarchi-
sche Beziehungen, die jeweils einem bestimmten übergeordneten Zweck dienen. Dieser Zweck kann einmal in der
Erfüllung von Aufträgen bestehen. (Dabei hat sich gezeigt, daß die Ausführungsleistungen einzelnen Aufträgen nur in verhältnismäßig wenigen Fällen zurechenbar
sind, überwiegend sind sie vielmehr nur recht großen
und heterogenen Mehrheiten von Aufträgen im strengen
Sinne zurechenbar.)

Dieser Zweck kann aber auch der Betriebsbereitschaft
zur Erstellung von Aufträgen dienen, ohne dabei direkt
auf Aufträge zurechenbar zu sein. (Auch hier hat sich
gezeigt, daß die Ausführungsleistungen oft nicht einzelnen Betriebsteilen wie einzelnen Fahrzeugen, sondern
nur Mehrheiten derselben zurechenbar sind.)

Schließlich tritt auch der Fall auf, daß Ausführungsleistungen zugleich der Erfüllung bestimmter Aufträge und
der Betriebsbereitschaft dienen[1]. Auch solche Fälle
haben im ganzen gesehen jedoch keine große Bedeutung.

---

1) Ein solcher Fäll wäre z.B. gegeben, wenn ein Schlepper
   zugleich 2 Kähne schleppt, von denen der eine Fracht für
   einen bestimmten Auftrag befördert, und von denen der
   andere unbeladen zu einer Werft zur Überholung gebracht
   wird. (Siehe in diesem Zusammenhang auch die Probleme
   bei der Zurechnung von Treibstoffkosten, S. 113 ff.)

3. Die übrigen Kosten sind nur der Betriebsbereitschaft
zurechenbar, also der Bereitschaft zur Erstellung von
Aufträgen. Diese Kosten können als "B e r e i t -
s c h a f t s k o s t e n" bezeichnet werden. Sie
sind z.B. einzelnen Fahrzeugen, mehreren Fahrzeugen,
der ganzen Flotte oder auch nur der Reederei als Ganzer zurechenbar.

Dieses Ergebnis über die Zurechenbarkeit der Kosten der
Reederei weicht ganz erheblich ab von den in der Binnenschiffahrt (und darüber hinaus auch in anderen Wirtschaftszweigen) üblichen Praktiken, Kosten nahezu jedem beliebigen Bezugsobjekt durch Gemeinkostenschlüsselung recht detailliert zuzuordnen. Die in dieser Arbeit aufgezeigten
Zurechenbarkeiten der Kosten der Reederei mögen daher auf
den ersten Blick eigenwillig erscheinen. Sie erfordern in
jedem Fall gegenüber der bisherigen Praxis ein erhebliches Umdenken im Umgang mit der Kostenrechnung.

Man muß sich von der Gewohnheit oder dem Zwang lösen, die
vollen Kosten bereits in der Grundrechnung unbedingt auf
Aufträge, Teilaufträge oder einzelne Teile der Betriebsbereitschaft zuzurechnen. Man sollte vielmehr versuchen,
zunächst eine exakte Rechnung zu erstellen, und es dann
der Auswertung der Rechnung überlassen, solche außerhalb
der Zurechenbarkeit liegenden Beziehungen zweckbezogen
herzustellen.

Es sei hier noch einmal hervorgehoben, was sich bei den
Überlegungen zur Zurechenbarkeit der Kosten der Reederei
immer wieder herausgestellt hat: daß die betrieblichen
Dispositionen, die die Kosten auslösen, ja ebenfalls recht
komplexen und verbundenen Charakter haben, und daß man von
einer Grundrechnung nicht verlangen sollte, daß sie von
einfacheren Zusammenhängen ausgeht, als sie dem Entstehen

der Kosten zugrunde liegen. Dies einmal deshalb, weil
falsch zugerechnete Kosten auch zu einer falschen Beurteilung der zugrunde liegenden Sachverhalte führen können.
Zum anderen ist es für eine sachgerechte Beurteilung im
Zusammenhang mit Entscheidungen und Kontrollen außerordentlich wichtig, die kostenmäßigen Auswirkungen der Entscheidungen möglichst exakt und wirklichkeitsnah zu kennen bzw.
im Rechnungswesen niederzulegen. Daß man hierbei sehr differenziert und stufenweise vorgehen muß, versteht sich
nach den vorangegangenen Ausführungen von selbst.

In einer Einzelkostenrechnung, in der man eben nicht die
vollen in einer Periode anfallenden Kosten bis hinunter zu
den einzelnen Leistungen und Teilaufträgen umlegt, muß man
sich daher darauf beschränken, soweit Kosten z.B. nicht
einem Auftrag zurechenbar sind, andere Bezugsobjekte zu
suchen und zu verwenden, in Hinblick auf die eine Zurechenbarkeit gegeben ist, sei es die Fahrt eines Fahrzeuges,
die Besetzung eines Arbeitsplatzes oder die Arbeitsleistung
einer Dieselmaschine. Und gerade diese Bezugsobjekte sind
dann auch in Hinblick auf die Disponierbarkeit der Kosten
von allergrößtem Interesse.

Wie weit man bei der Durchführung einer solchen Rechnung
die aufgezeigten Zurechenbarkeiten laufend ausweisen soll,
ist letzten Endes eine Frage des hierfür vertretbaren Ar-
beitsaufwandes und kann nicht generell entschieden werden.
Diese Arbeit konnte nur versuchen, den methodischen Weg zu
einer solchen Rechnung aufzuzeigen.

Die Möglichkeit, ergänzend zur strengen Einzelkostenrechnung als laufender Rechnung Sonderrechnungen und Kostenstatistiken durchzuführen, in denen eine weitergehende Zurechnung bzw. Zuordnung erfolgt, bleibt daneben bestehen
und ist an verschiedenen Stellen dieser Arbeit angedeutet

worden. Dabei darf aber nicht übersehen werden, daß immer
dann, wenn Kosten nicht zurechenbar sind, auf eine Gemein-
kostenaufteilung verzichtet werden sollte. Es ist dann vorzuziehen, anstatt mit fragwürdigen monetären Größen mit
realen Mengenangaben zu rechnen, die nicht durch Bewertung, die dann ja exakt nicht möglich ist, verunsichert
bzw. verfälscht sind[1]. So sind, wenn einem Einsatz eines
Fahrzeuges keine Personalkosten zurechenbar sind, Angaben
über die zu besetzenden Arbeitsplätze und die notwendigen
Arbeitsstunden oft aussagefähiger als fragwürdige Angaben
über angeblich zurechenbare Personalkosten.


E. Einfaches Beispiel einer strengen Einzelkostenrechnung
   bei der Reederei

So wie für die Einzelerlösrechnung ein Schema zum Aufbau
einer solchen Rechnung diskutiert worden ist, soll nun
auch als Abschluß der vorangegangenen Überlegungen über
die Zurechenbarkeit der Kosten der betrachteten Reederei
anhand des in Anlage 2 dargestellten Kostensammelbogens[2]
ein Schema aufgezeigt werden, nach dem eine strenge laufende Einzelkostenrechnung bei der Reederei aufgebaut werden könnte.

Die Durchführung der Einzelkostenrechnung bei der Reederei
ist komplizierter und bietet vielfältigere Probleme als

---

1) Zur Bedeutung der Mengenrechnung im Rahmen der Kostenrechnung siehe Fassbender, Wolfgang, a.a.O., S. 33.
2) Der Begriff "Kostensammelbogen" wurde von Riebel übernommen (Riebel, Paul: Durchführung und Auswertung der
   Grundrechnung ... (II), a.a.O., S. 142).

die Durchführung der Erlösrechnung, insbesondere weil für
verschiedene Kostenarten unterschiedliche Zurechenbarkeiten bestehen. Einzelne Kostenarten können in Hinblick auf
ihre Zurechenbarkeit die Einbeziehung von speziellen Bezugsobjekten verlangen, die für andere Kostenarten bedeutungslos sind, weil sie diesen nicht zurechenbar sind. Es
empfiehlt sich daher, bei den einzelnen Kostenkategorien
jeweils die Gruppe von Bezugsobjekten von vornherein außer
acht zu lassen, denen sie prinzipiell nicht zurechenbar
sind.

Wegen der Vielfalt der auftretenden Probleme können die
folgenden Vorschläge nur beispielhaft die typischen Möglichkeiten aufzeigen.

## 1. Die Spalten des Kostensammelbogens

In den Spalten des Kostensammelbogens sind die Bezugsobjekte wiedergegeben, denen die Kosten zurechenbar sind,
nämlich:

a) die Aufträge

b) die Ausführungsleistungen

c) die Betriebsbereitschaft.

Die Rechnung wird um so aussagefähiger, je mehr relevante
Merkmale der Bezugsobjekte ausgewiesen werden. Dabei ist
insbesondere an folgende Merkmale zu denken (wobei die
Reihenfolge keine Rangfolge bedeutet):

a) bei den Aufträgen:

Hauptauftrag oder Nebenauftrag

Auftraggeber

Güterart(en) bzw. zu schleppender Anhang

Relation(en)

Größe (nach Umsatz, Tonnen u.ä.)

zeitliche Erstreckung

besondere Merkmale der verlangten Leistungen
(wie Eilbedürftigkeit, Pünktlichkeit der Abfahrt oder Ankunft)

b) bei den Ausführungsleistungen:

Eigenleistungen oder Fremdleistungen

Relation(en)

Güterart(en) bzw. zu schleppender Anhang

zeitliche Erstreckung

verwendete(r) Fahrzeugtyp(en)

verwendete(s) Fahrzeug(e)

Auslastung der eingesetzten Kapazitäten

besondere Merkmale der Ausführungsleistungen
(wie gefahrene Geschwindigkeiten, Witterung)

c) bei der Betriebsbereitschaft:

Fahrzeugtypen

Fahrzeuge

Teile von Fahrzeugen (z.B. Maschinen)

Flotte als Ganzes

Hilfsstellen

Verwaltung

Reederei als Ganzes.

Es empfiehlt sich, die Bezugsobjekte nach den interessierenden Merkmalen zu gruppieren und die Zurechenbarkeit der
Kosten vom Kostensammelbogen aus gesehen zu untergliedern.
Wichtig ist dabei auch die Zurechenbarkeit der Bezugsobjekte untereinander, und zwar insbesondere bei den Ausfüh-

rungsleistungen. Im angeführten Kostensammelbogen ist
(als Minimalforderung) ein Ausweis darüber vorgesehen,
ob die Ausführungsleistungen und die ihnen zugerechneten
Kosten ihrerseits zurechenbar sind auf Aufträge, auf die
Betriebsbereitschaft oder nur zusammen auf Aufträge und
die Betriebsbereitschaft.

Eine einzige Tabelle kann die Zurechenbarkeit der Kosten
nur in stark zusammenfassender Form wiedergeben, so daß
ergänzende Tabellen unabdingbar sind, die die weitergehende Zurechenbarkeit der Kosten in ausgewählten Details
darstellen.

Die Kostenrechnung ist normalerweise periodenbezogen, und
es ist daher auch die Zurechenbarkeit der Kosten auf den
jeweils zugrunde liegenden Zeitabschnitt (z.B. Monat,
Quartal, Jahr) auszuweisen. Dies erfolgt bei einigen Kostenarten aus der Kategorie der Bereitschaftskosten im
Rahmen der Zeilengliederung des Kostensammelbogens, weil
diese Kostenarten grundsätzlich Periodengemeinkosten sind.
Die übrigen Kostenarten können jedoch jeweils sowohl den
Charakter von Periodeneinzel- als auch von Periodengemeinkosten haben, wobei auch die Länge des betrachteten Zeit-
abschnittes von Bedeutung ist. Um die Periodenzugehörigkeit dieser Kostenarten auszuweisen, sind bei den Bezugsobjekten jeweils eine Spalte für deren Periodeneinzelkosten und eine für deren Periodengemeinkosten vorgesehen.
(Bei einer starken Detaillierung des Kostensammelbogens
kann dann jedoch der Fall auftreten, daß konkreten einzelnen Bezugsobjekten nur Periodeneinzel- oder nur Periodengemeinkosten zurechenbar sind.)

## 2. Die Zeilen des Kostensammelbogens

In den Zeilen des Kostensammelbogens sind die Kostenarten der Reederei dargestellt, gegliedert nach den
oben abgeleiteten Kostenkategorien, nämlich:

a) Auftragskosten

b) Ausführungskosten

c) Bereitschaftskosten

d) Periodeneinzel- bzw. Periodengemeinkosten
   (soweit einzelne Kostenarten der zugrunde liegenden Periode in charakteristischer Weise zurechenbar sind; andernfalls ist die Perioden-
   zurechenbarkeit im Rahmen der Spaltengliederung
   auszuweisen).

Die mehrfache Zurechenbarkeit der Ausführungskosten ist
in drei ergänzenden Zeilen (Nr. 46 bis 48) dargestellt,
wobei für eine Verfeinerung weitere spezielle Tabellen
notwendig wären.

IV. Folgerungen für die Anwendbarkeit der Deckungsbei-
    tragsrechnung bei der Reederei

In den vorangegangenen Kapiteln wurde die Zurechenbarkeit
der Erlöse und der Kosten untersucht, und es wurden Vorschläge für die Gestaltung des Erlös- und des Kostensammelbogens erarbeitet. Aufgabe der Deckungsbeitragsrechnung
ist es nun, die Erlöse und die Kosten zusammenzuführen.
Entsprechend den in der Einleitung dargestellten Grundsätzen werden dabei die Kosten gemäß ihrer Zurechenbarkeit stufenweise von den Erlösen abgesetzt, wobei sich
die Deckungsbeiträge als Bruttoergebnisse der einzelnen
Stufen ergeben.

Den Ausgangspunkt für die Deckungsbeitragsrechnung bilden
also die Erlöse. Erlöseinheiten sind die einzelnen[1] Aufträge. Diesen und nur diesen sind, wie gezeigt worden ist,
die Erlöse zurechenbar (wenn auch nicht immer ohne Vorbehalt).

Auf der anderen Seite ist aber auch gezeigt worden, daß
den einzelnen Aufträgen nur sehr wenige Kosten zurechenbar
sind: im wesentlichen die Kategorie der Auftragskosten[2].
Nur in Hinblick auf diese Kosten ist es möglich, Deckungsbeiträge für die e i n z e l n e n Aufträge zu ermitteln,
weil nur diese Kosten von den Erlösen der einzelnen Aufträge abgesetzt werden können. Die Auftragskosten sind je-

---

1) Dabei wird in dieser Arbeit davon ausgegangen, daß
   einem "Auftrag" eine besondere Disposition seitens
   der Reederei über die Verpflichtung zur Erstellung
   von Leistungen gegenübersteht, so daß bei Abrufauf-
   trägen im Rahmen längerfristiger Kontrakte der zugrunde liegende Vertragsabschluß (bzw. die Gesamtheit der Abrufaufträge) als "Auftrag" bzw. Erlösein-
   heit im obigen Sinne anzusehen ist (siehe S. 57 f.).
2) Siehe S. 123 f.

doch größenmäßig so unbedeutend und in ihrer Zurechenbarkeit so unproblematisch (sie werden in der Praxis mitunter unmittelbar als Erlösschmälerungen abgesetzt), daß
hierauf nicht weiter eingegangen werden soll.

Alle übrigen Kosten sind dagegen, wie gezeigt worden ist,
zwar den Ausführungsleistungen oder den Betriebsteilen
zurechenbar, nicht jedoch einzelnen Aufträgen.

Um diese Kosten im Sinne des Identitätsprinzips möglichst
differenziert den zugehörigen Erlösen gegenüberstellen zu
können, muß man deshalb versuchen, durch Zusammenfassen
von Aufträgen zu übergeordneten G e s a m t h e i t e n
zu kommen, denen nicht nur Erlöse, sondern eben auch diese übrigen Kosten zurechenbar sind. Es wurde aber festgestellt, daß sich diese Kosten auch mehreren Aufträgen gemeinsam nicht zurechnen lassen, jedenfalls nicht bei den
außerordentlich weit reichenden Verbundenheiten des betrachteten Beispielbetriebes. Bei der Zusammenfassung der
Aufträge müßte man hier deshalb so weit gehen, daß nur
noch klar gegeneinander abgegrenzte Geschäftszweige übrig-
bleiben.

Zu denken wäre hier etwa an eine Zusammenfassung der Tank-
aufträge einer Periode einerseits und aller übrigen Aufträge andererseits. Den Tankerlösen könnte man dann die
im Zusammenhang mit dem Tankgeschäft angefallenen Kosten
gegenüberstellen und auf diese Weise den Deckungsbeitrag
des Tankgeschäftes ermitteln. Zu diesen Kosten würden
zählen die Kosten der Ausführungsleistungen der Tankflotte
und die Kosten der fremderstellten Tanktransporte. Dabei
wäre für eine solche Deckungsbeitragsrechnung auch die
zeitliche Abgrenzung der Erlöse und Kosten unerläßlich.

Aber auch diese bereits sehr globale Rechnung wäre, wie
gezeigt worden ist, nur dann wirklich unanfechtbar, wenn
tatsächlich eine scharfe Trennung zwischen den Tanktransporten und allen übrigen Transporten besteht. Dies ist in
dieser Ausschließlichkeit nicht der Fall. Die Zurechenbarkeit der gesamten Kosten des Tankgeschäfts ist beispielsweise gestört, wenn Tankschiffe gelegentlich Fahrzeuge
der übrigen Flotte schleppen. Völlig fehlerfrei läßt sich
eine Deckungsbeitragsrechnung bei der Reederei daher nur
für alle Geschäftszweige zusammen durchführen.

Es wird hier davon abgesehen, eine solche Rechnung in
einer Anlage besonders zu erläutern. (Deckungsbeitrags-
rechnungen sind in der Literatur[1] für Fälle, bei denen
wesentlich mehr Aussagemöglichkeiten gegeben sind, dargestellt.)

Es erhebt sich die Frage, ob man sich nicht über manche
Bedenken hinwegsetzen kann. So könnte man beispielsweise
aus dem Rahmen fallende Nebenleistungen für andere Geschäftszweige vernachlässigen, um eine Deckungsbeitragsrechnung nach Geschäftszweigen zu erzwingen. Aber auch
eine solche Deckungsbeitragsrechnung bliebe in ihren Aussagen sehr global gegenüber der herkömmlichen Ergebnisrechnung, die Ergebnisse ja nicht nur für Geschäftszweige,
sondern auch für einzelne Aufträge, Fahrzeuge, Reisen und
Teilleistungen ausweist. Eine detailliertere laufende
Rechnung ist jedoch nur durch das Einführen weitreichen-
der wirklichkeitsfremder Annahmen möglich. In welch hohem Maße eine Rechnung, die zu wesentlich detaillierteren
"Ergebnissen" führt als die strenge Deckungsbeitragsrechnung, den Gegebenheiten der Reederei widersprechen muß,

---

1) Siehe die angegebenen Schriften von Riebel, Paul
   über die Einzelkosten- und Deckungsbeitragsrechnung.

ist bei der Untersuchung der Zurechenbarkeit der Erlöse
und Kosten der Reederei gezeigt worden.

Die Unmöglichkeit einer detaillierten laufenden[1] Dek-
kungsbeitragsrechnung liegt in den Gegebenheiten der
Reederei begründet[2]. Die hier auftretenden Schwierigkeiten und Grenzen gelten daher nicht nur spezifisch
für die Deckungsbeitragsrechnung, sondern sind prinzi-
pieller Natur. Jede Erfolgsrechnung muß bei der betrachteten Reederei infolgedessen für Zwecke der betrieblichen Disposition und Kontrolle um so fragwürdiger sein,
je weiter sie sich über diese Grenzen hinwegsetzt.

---

1) Wie bei der Behandlung der Einzelerlös- und Einzelkostenrechnung gezeigt, können bei Entscheidungen
im Einzelfall sowohl für Erlöse als auch für Kosten
weiterreichende Zurechenbarkeiten bestehen, z.B.
bei Kapazitätsänderungen. In solchen Fällen sind
aufgrund dieser weitergehenden Zurechenbarkeiten
auch weitergehende, exakte Deckungsbeitragsrech-
nungen möglich. Da aber die ihnen zugrunde liegenden Zurechenbarkeiten der Erlöse und Kosten wegen
ihrer speziellen, situationsbezogenen Charaktere
nicht von der laufenden Rechnung ausgewiesen werden
können, sind auch solche Deckungsbeitragsrechnun-
gen in der laufenden Rechnung nicht durchführbar.

2) Siehe hierzu auch Krömmelbein, Gerhard, a.a.O.,
S. 35 ff.

## V. Schlußbetrachtung

Die Einzelkosten- und Deckungsbeitragsrechnung sieht in
der betrieblichen Erlös-, Kosten- und Ergebnisrechnung
ein Werkzeug, das dem Zweck dienen soll, Unterlagen für
betriebliche Entscheidungen und betriebliche Kontrollen
zu liefern. Um diesem Zweck zu genügen, ist unabdingbare
Voraussetzung, daß die Erlöse und Kosten so zugerechnet
werden, wie sie für Entscheidungen relevant sind bzw. für
zurückliegende Entscheidungen relevant waren. Entsprechend
ist das Zurechnungsprinzip der Einzelkosten- und Deckungsbeitragsrechnung formuliert.·

Die Aufgabe dieser Arbeit lag darin, die Zurechenbarkeit
der Erlöse und Kosten (und damit auch der Ergebnisse) bei
der betrachteten typischen Binnenschiffahrtsreederei zu
untersuchen, und die Konsequenzen aufzuzeigen, die hieraus für die Durchführung einer laufenden Einzelerlös-,
Einzelkosten- und Deckungsbeitragsrechnung folgen. Es hat
sich ergeben, daß hier die anfallenden Erlöse und Kosten
in der laufenden Rechnung nur sehr begrenzt einzelnen
stärker differenzierten Bezugsobjekten zurechenbar sind,
und daß differenzierte laufende Deckungsbeitragsrechnun-
gen unmöglich werden.

Die in der Binnenschiffahrt übliche Erlös-, Kosten- und
Ergebnisrechnung glaubt dagegen in der Lage zu sein, für
praktisch jedes beliebige Bezugsobjekt dessen Erlöse, Kosten und Ergebnisse ausweisen zu können, also beispielsweise für ein Fahrzeug in einem bestimmten Zeitabschnitt,
für einen Auftrag, für einen Teilauftrag, ja selbst für
Teilleistungen, wie die Fortbewegung einer einzelnen Tonne
Frachtgut aus der Ladung eines Fahrzeuges. Bei Reedereien

der Binnenschiffahrt mit weit ausgebautem Rechnungswesen
ist es üblich, Erlöse, Kosten und Ergebnisse entsprechend
differenziert für vielfältige Bezugsobjekte auszuweisen.

Die Überlegungen dieser Arbeit zeigen jedoch, daß solche
detaillierteren Informationen in so hohem Maße die Zurechenbarkeit der Erlöse, Kosten und Ergebnisse mißachten
müssen, daß ihnen nur eine Scheingenauigkeit zukommt. Als
Unterlagen für Entscheidungen und Kontrollen sind solche
Angaben ungeeignet, denn sie können nur ganz offensichtlich falsche Vorstellungen über die Zurechenbarkeit der
Erlöse, Kosten und Ergebnisse bzw. über deren Veränder-
lichkeit und Beeinflußbarkeit erwecken. Sie sind irrefüh-
rend und können zu Fehlentscheidungen führen.

Die Erlöse, Kosten und Ergebnisse der untersuchten Reederei sind in der laufenden Rechnung überwiegend nur außerordentlich globalen Bezugsobjekten exakt zurechenbar. Die
sich entsprechend ergebende Einzelkosten- und Deckungsbeitragsrechnung als in ihren Aussagen verläßliche und
theoretisch unangreifbare Rechnung mag daher zunächst als
vergleichsweise undifferenzierte und insofern wenig aussagefähige Rechnung erscheinen. Die grundlegenden Überlegungen dieser Arbeit haben jedoch gezeigt, daß angesichts der Gegebenheiten der betrachteten Reederei weitergehende Angaben prinzipiell falsch sein müssen (oder
doch nur unter Vorbehalt spezielle Geltung haben können;
insoweit ihnen eine solche spezielle Aussagefähigkeit zukommt, können sie, wie dargelegt worden ist, als Ergänzung zu einer strengen Einzelkosten- und Deckungsbeitragsrechnung durchaus ihre Berechtigung haben).

Im übrigen ist hervorzuheben, daß in dieser Arbeit versucht worden ist, die Zurechenbarkeit der Erlöse, Kosten
und Ergebnisse im Sinne des Identitätsprinzips möglichst

konsequent zu behandeln, ohne grundsätzliche Vereinfachungen vorzunehmen. Vor allem wurden bei den Einwänden gegen eine Zurechnung die Fragen der Größenordnung kaum berücksichtigt, um die Möglichkeiten für eine systemgerecht fehlerfreie Einzelkosten- und Deckungsbeitragsrechnung festzustellen.

Es ist daher möglich, daß die bei dieser strengen Betrachtensweise hervorgetretenen Grenzen einer laufenden Einzelkosten- und Deckungsbeitragsrechnung bei der betrachteten Reederei aus der Sicht der Praxis etwas weiter gezogen werden würden, eben weil man hier großzügiger verfahren und manche Ausnahmen und Einwände einfach vernachlässigen würde.

Bei solchen Vereinfachungen handelt es sich aber letzten Endes um Fragen des subjektiven Ermessens, ohne daß objektive Kriterien gegeben sind, wieweit solche Zugeständnisse angebracht sind. Auch zur Beurteilung solcher bewußt vergröbernden Rechnungen wäre maßgebend, inwieweit sie den Zurechenbarkeiten entsprechen, die in dieser Arbeit aus der Sicht der strengen Theorie aufgezeigt worden sind. Insofern ist die Kenntnis der hier behandelten Probleme der Zurechenbarkeit eine sichere Ausgangsbasis zur Erstellung und Beurteilung von Abrechnungssystemen, an die aus praktischen Gründen nicht alle strengen Forderungen der Theorie gestellt werden sollen.

Im ganzen gesehen hat diese Arbeit ergeben, daß dem Ziel der Einzelkosten- und Deckungsbeitragsrechnung, laufend verläßliche Grundinformationen bereitzustellen, die vorbehaltlos für Entscheidungen und Kontrollen verwendbar sind, bei der untersuchten Reederei recht enge Grenzen gesetzt sind.

Angesichts dieses Ergebnisses ist darauf hinzuweisen, daß
die laufende monetäre Abbildung des betrieblichen Gesche-
hens durch die Erlös-, Kosten- und Ergebnisrechnung zwar
eine sehr wichtige und wünschenswerte Informationsquelle
für Entscheidungen und Kontrollen ist, jedoch nicht die
einzige. Daneben bestehen aussagefähige Mengen- und Zei-
tenstatistiken, die in der Binnenschiffahrt meist recht
gut ausgebaut sind. Sie geben unmittelbar verläßlich inter-
pretierbare Auskünfte und sind insofern eine bessere Grundlage für Entscheidungen und Kontrollen als Wertrechnungen,
wenn diese nur scheinbar richtig, tatsächlich aber höchst
fragwürdig oder falsch sind.

Außerdem lassen sich im Einzelfall der Entscheidungen und
Kontrollen die Erlöse, Kosten und Ergebnisse oft weiter-
gehend zurechnen, als es den nicht situationsbezogenen
Grundinformationen der laufenden Rechnung entnommen werden kann. Beispielsweise können der Inbetriebnahme eines
Fahrzeuges bestimmte zusätzliche Personalkosten zurechenbar sein, ohne daß diese dann nachfolgend der Bereitschaft
des Fahrzeuges laufend zurechenbar wären. Situationsbezo-
gen sind daher Einzelkosten- und Deckungsbeitragsrechnun-
gen möglich, die alle relevanten Größen in sehr klarer und
umfassender Weise berücksichtigen. Hierfür sind dann jedoch über die Grundinformationen der laufenden Rechnung
hinaus Zusatzinformationen zu beschaffen, deren laufender
Ausweis prinzipiell unmöglich ist.

In Hinblick auf die grundsätzliche Frage nach der Anwendbarkeit der Einzelkosten- und Deckungsbeitragsrechnung
als System für die laufende Erlös-, Kosten- und Ergebnisrechnung in der Praxis ist abschließend hervorzuheben, daß

in dieser Arbeit ein besonders schwieriger Beispielbetrieb
untersucht worden ist, der außerordentlich komplizierte
Probleme für die laufende  Erlös-, Kosten- und Ergebnisrechnung mit sich bringt. In anderen Wirtschaftszweigen
bestehen in dieser Hinsicht oft wesentlich einfachere Verhältnisse.

ERLÖSSAMMELBOGEN

| | Periodeneinzelerlöse | | | | | | | | | | | | Periodengemeinerlöse | | | | | | | | | | | | Erlöse gesamt |
|---|---|---|---|---|---|---|---|---|---|---|---|---|---|---|---|---|---|---|---|---|---|---|---|---|---|
| | aus Hauptaufträgen der Auftraggeber | | | | | | aus Nebenaufträgen der Auftraggeber | | | | | | aus Hauptaufträgen der Auftraggeber | | | | | | aus Nebenaufträgen der Auftraggeber | | | | | | |
| | A | | B | | usw. | Σ | A | | B | | usw. | Σ | A | | B | | usw. | Σ | A | | B | | usw. | Σ | Σ | |
| | A'Nr. | ... | A'Nr. | ... | ... | | A'Nr. | ... | A'Nr. | ... | ... | | A'Nr. | ... | A'Nr. | ... | ... | | A'Nr. | ... | A'Nr. | ... | ... | | | |
| | 1 | 2 | 3 | 4 | 5 | 6 | 7 | 8 | 9 | 10 | 11 | 12 | 13 | 14 | 15 | 16 | 17 | 18 | 19 | 20 | 21 | 22 | 23 | 24 | 25 |

**AUSFÜHRUNGS-ABHÄNGIGE ERLÖSE**

weitergegeben:
1  Kleinwasserzuschläge
2  Frachtzuschläge
3  Liegegelder
4  Sa. 1 - 3

einbehalten:
5  Kleinwasserzuschläge
6  Frachtzuschläge
7  Liegegelder
8  Sa. 5 - 7
9  Sa. 4 + 8

**AUSFÜHRUNGSUNABHÄNGIGE ERLÖSE**

abzuführen:
10  Organisationsgebühren
11  Kanalabgaben
12  Sa. 10, 11

weitergegeben:
Erlöse aus Gütertransporten
13  Schiffsanteilsfrachten
14  Schlepplöhne
15  Tankfrachten
16  Partiezuschläge
17  Sa. 13 - 16

Erlöse aus Schleppleistungen
18  Bergschlepplöhne
19  Talschlepplöhne
20  Bugsierlöhne
21  Vorspannlöhne
22  Sa. 18 - 21
23  Sa. 17 + 22

einbehalten:
Erlöse aus Gütertransporten
24  Schiffsanteilsfrachten
25  Schlepplöhne
26  Tankfrachten
27  Partiezuschläge
28  Sa. 24 - 27

Erlöse aus Schleppleistungen
29  Bergschlepplöhne
30  Talschlepplöhne
31  Bugsierlöhne
32  Vorspannlöhne
33  Sa. 29 - 32

Erlöse zur Verrechnung
34  Pauschale für Kleinwasserzuschlag
35  Pauschale f.Bugs.,Transp.u.Leichtern
36  Sa. 34 - 35
37  Sa. 28 + 33 + 36
38  Sa. 12 + 23 + 37

**ERLÖSE GESAMT**
39  Sa. 9 + 38

40  davon: Summe einbehaltene Erlöse
41  Summe weitergegebene Erlöse
42  Summe abzuführende Erlöse

"A'Nr." = Auftragsnummer

| | Aufträge | | | Ausführungsleistungen | | | | | | | | | | | | | | | | | | | Betriebsbereitschaft | | | | | | | | | Kosten Gesamt | | |
|---|---|---|---|---|---|---|---|---|---|---|---|---|---|---|---|---|---|---|---|---|---|---|---|---|---|---|---|---|---|---|---|---|---|---|
| | | | | Eigenleistungen | | | | | | | | | Fremdleistungen | | | | | | | | | | Schlepper | | Kähne | | u s w. | | Σ | | | | | |
| | | | | Strecken-schleppen | | Güter-transporte | | u s w. | | Σ | | Σ | Strecken-schleppen | | u s w. | | Σ | | | Σ | | | | | | | | | | | | | | |
| | 1 | 2 | 3 | 4 | 5 | 6 | 7 | 8 | 9 | 10 | 11 | 12 | 13 | 14 | 15 | 16 | 17 | 18 | 19 | 20 | 21 | 22 | 23 | 24 | 25 | 26 | 27 | 28 | 29 | 30 | 31 | 32 | 33 | 34 |
| | PEK | PGK | Σ | PEK | PGK | PEK | PGK | PEK | PGK | PEK | PGK | Σ | PEK | PGK | PEK | PGK | PEK | PGK | Σ | PEK | PGK | Σ | PEK | PGK | PEK | PGK | PEK | PGK | PEK | PGK | Σ | PEK | PGK | Σ |
| 1 Organisationsgebühren | | | | | | | | | | | | | | | | | | | | | | | | | | | | | | | | | | |
| 2 Frachtenausgleich | | | | | | | | | | | | | | | | | | | | | | | | | | | | | | | | | | |
| 3 Warenversicherung | | | | | | | | | | | | | | | | | | | | | | | | | | | | | | | | | | |
| 4 Kanalabgaben | | | | | | | | | | | | | | | | | | | | | | | | | | | | | | | | | | |
| 5 Sa. 1 – 4 | | | | | | | | | | | | | | | | | | | | | | | | | | | | | | | | | | |
| 6 Treibstoffe | | | | | | | | | | | | | | | | | | | | | | | | | | | | | | | | | | |
| 7 Schmierstoffe | | | | | | | | | | | | | | | | | | | | | | | | | | | | | | | | | | |
| 8 Schiffsanteilsfrachten | | | | | | | | | | | | | | | | | | | | | | | | | | | | | | | | | | |
| 9 Schlepplöhne | | | | | | | | | | | | | | | | | | | | | | | | | | | | | | | | | | |
| 10 Tankfrachten | | | | | | | | | | | | | | | | | | | | | | | | | | | | | | | | | | |
| 11 Talschlepplöhne | | | | | | | | | | | | | | | | | | | | | | | | | | | | | | | | | | |
| 12 Bergschlepplöhne | | | | | | | | | | | | | | | | | | | | | | | | | | | | | | | | | | |
| 13 Vorspannlöhne | | | | | | | | | | | | | | | | | | | | | | | | | | | | | | | | | | |
| 14 Bugsierlöhne | | | | | | | | | | | | | | | | | | | | | | | | | | | | | | | | | | |
| 15 Kleinwasserzuschläge | | | | | | | | | | | | | | | | | | | | | | | | | | | | | | | | | | |
| 16 Partiezuschläge | | | | | | | | | | | | | | | | | | | | | | | | | | | | | | | | | | |
| 17 Frachtzuschläge | | | | | | | | | | | | | | | | | | | | | | | | | | | | | | | | | | |
| 18 Liegegelder | | | | | | | | | | | | | | | | | | | | | | | | | | | | | | | | | | |
| 19 Kanalabgaben | | | | | | | | | | | | | | | | | | | | | | | | | | | | | | | | | | |
| 20 Verschiedene | | | | | | | | | | | | | | | | | | | | | | | | | | | | | | | | | | |
| 21 Sa. 6 – 20 | | | | | | | | | | | | | | | | | | | | | | | | | | | | | | | | | | |
| 22 Personalkosten (einsatzabhängige) | | | | | | | | | | | | | | | | | | | | | | | | | | | | | | | | | | |
| 23 Personalkosten (einsatzunabhängige) | | | | | | | | | | | | | | | | | | | | | | | | | | | | | | | | | | |
| 24 Mieten | | | | | | | | | | | | | | | | | | | | | | | | | | | | | | | | | | |
| 25 Schiffskasko-Versicherung | | | | | | | | | | | | | | | | | | | | | | | | | | | | | | | | | | |
| 26 Schiffsmaschinen-Versicherung | | | | | | | | | | | | | | | | | | | | | | | | | | | | | | | | | | |
| 27 Sonstige Versicherungen | | | | | | | | | | | | | | | | | | | | | | | | | | | | | | | | | | |
| 28 Auslagenerstattung | | | | | | | | | | | | | | | | | | | | | | | | | | | | | | | | | | |
| 29 Postgebühren | | | | | | | | | | | | | | | | | | | | | | | | | | | | | | | | | | |
| 30 Wassergeld | | | | | | | | | | | | | | | | | | | | | | | | | | | | | | | | | | |
| 31 Stromkosten | | | | | | | | | | | | | | | | | | | | | | | | | | | | | | | | | | |
| 32 Bürobedarf | | | | | | | | | | | | | | | | | | | | | | | | | | | | | | | | | | |
| 33 Steuern | | | | | | | | | | | | | | | | | | | | | | | | | | | | | | | | | | |
| 34 Verschiedene | | | | | | | | | | | | | | | | | | | | | | | | | | | | | | | | | | |
| 35 Sa. 22 – 34 | | | | | | | | | | | | | | | | | | | | | | | | | | | | | | | | | | |
| 36 Sa. 5 + 21 + 35 | | | | | | | | | | | | | | | | | | | | | | | | | | | | | | | | | | |
| 37 Schleppstränge | | | | | | | | | | | | | | | | | | | | | | | | | | | | | | | | | | |
| 38 Schmierstoffe | | | | | | | | | | | | | | | | | | | | | | | | | | | | | | | | | | |
| 39 Sonstiges Betriebsmaterial | | | | | | | | | | | | | | | | | | | | | | | | | | | | | | | | | | |
| 40 Reparaturmaterial | | | | | | | | | | | | | | | | | | | | | | | | | | | | | | | | | | |
| 41 Fremdreparaturen | | | | | | | | | | | | | | | | | | | | | | | | | | | | | | | | | | |
| 42 Abschreibungen (Amortisationsraten) | | | | | | | | | | | | | | | | | | | | | | | | | | | | | | | | | | |
| 43 Sa. 37 – 42 | | | | | | | | | | | | | | | | | | | | | | | | | | | | | | | | | | |
| 44 Sa. 35 – 43 | | | | | | | | | | | | | | | | | | | | | | | | | | | | | | | | | | |
| 45 Sa. 36 + 43 — KOSTEN GESAMT | | | | | | | | | | | | | | | | | | | | | | | | | | | | | | | | | | |
| 46 DAVON zurechenbar auf Aufträge | | | | | | | | | | | | | | | | | | | | | | | | | | | | | | | | | | |
| 47 DAVON zurechenbar auf Betriebsbereitschaft | | | | | | | | | | | | | | | | | | | | | | | | | | | | | | | | | | |
| 48 DAVON zurechenbar nur auf Aufträge und Betriebsbereitschaft gemeinsam | | | | | | | | | | | | | | | | | | | | | | | | | | | | | | | | | | |

Kosten: Auftrags- / Ausführungs- / Betriebskosten

PERIODENEINZEL- oder -GEMEINKOSTEN (gemäß Spaltenzuordnung)

nur PERIODEN-GEMEINKOSTEN

"PEK" = Periodeneinzelkosten
"PGK" = Periodengemeinkosten

Literaturverzeichnis

Böttger, Wilhelm: Über Kostenrechnung und Preisbildung bei Verkehrsbetrieben, Düsseldorf 1954

Bundesgesetzblatt II von 1965 und 1966

Diederich, Helmut: Zur Theorie des Verkehrsbetriebes, in ZfB, 36. Jg. 1966, 1. Erg.H., S. 37-52

Edelmann, Karl: Die Kosten- und Ertragsrechnung in der Rheinschiffahrt unter besonderer Berücksichtigung der Witterungsverhältnisse, Diss. Mannheim 1953

Ehrt, Robert: Die Zurechenbarkeit von Kosten auf Leistungen auf der Grundlage kausaler und finaler Beziehungen, Stuttgart, Berlin, Köln, Mainz 1967

Fassbender, Wolfgang: Betriebsindividuelle Kostenerfassung und Kostenauswertung, Frankfurt a.M. 1964

Frachten- und Tarifanzeiger der Binnenschiffahrt, Duisburg-Ruhrort (Binnenschiffahrts-Verlag)

Gehalts- und Lohntabellen für die deutsche Binnenschifffahrt (Fracht- und Personenschiffahrt), gültig ab 1. Juli 1969, Veröffentlichung der Gewerkschaft Öffentliche Dienste, Transport und Verkehr, ohne Ort und ohne Jahr

Geile, Wilhelm: Das Selbstkostenproblem in der Rheinschiffahrt, in ZfhF, 22. Jg. 1928, S. 529-571

Gesetz über den gewerblichen Binnenschiffsverkehr (BinnSchVerkG), in der Fassung vom 1.8.1961

Haiber, Erich: Die Leistungs- und Kostenrechnung des Selbstfahrers in der Binnenschiffahrt, Diss. Mannheim 1955

Handelsgesetzbuch mit Nebengesetzen ohne Seerecht, begründet von A. Baumbach, fortgeführt von K. Duden; in der Reihe: Beck'sche Kurzkommentare, Bd. 9, 17. neu bearbeitete Auflage, München und Berlin 1966

Hasenack, Wilhelm: Ertragsbildungs-Analyse und Erfolgsspaltung als betriebswirtschaftliches Problem, BFuP 6. Jg. 1954, S. 276-295

Hoffmann, Adolf: Spezielle Probleme im Rechnungswesen der Binnenschiffahrt unter besonderer Berücksichtigung von Abschreibung und Investition, Basel 1958

Hulsmann, Gerd: Das Problem der fixen Kosten bei nicht ausgenutzter Kapazität in der Binnenschiffahrt, Duisburg-Ruhrort 1965

Illetschko, Leopold: Theorie und Praxis der betrieblichen Verrechnungslehre, in Betriebswirtschaftslehre und Wirtschaftspraxis, Festschrift für Konrad Mellerowicz, Berlin 1961, S. 183-199

Kachelhofer, Frederick Charles: Betriebskostenvergleich in der Rheinschiffahrt (Schlepperbetrieb-Motorgüterboot), Diss. Bern 1949

Kirchgässer, Wilhelm; Eggert, Heinrich; Kubzig, Ernst; Schedel, Eberhard; Willers, Dietz: Kontenrahmen, Leistungs- und Kostenrechnung der deutschen Binnenschiffahrt, Duisburg 1954

Kirchgässer, Wilhelm: Das Rechnungswesen in der Rheinschiffahrt, in Zeitschrift für Binnenschiffahrt Jg. 1949 Heft 6 u. 7

Klaus, Günter: Begriffe für Leistungs- und Kostenanalysen im Binnenverkehr (Forschungsberichte des Institutes für Verkehrswissenschaft der Universität Köln, Heft 8), Düsseldorf 1963

Koch, Helmut: Zum Problem des Gemeinkostenverteilungsschlüssels, in ZfbF N.F., 17. Jg. 1965, S. 169-200

Kostenrechnung in der Chemischen Industrie, hrsg. vom Betriebswirtschaftlichen Ausschuß des Verbandes der Chemischen Industrie e.V., Wiesbaden 1962

Kommentar zum HGB, früher herausgegeben von Mitgliedern des Reichsgerichts, 5. Band bearbeitet von Karl Ratz, 2. Auflage Berlin 1960

Krebs, Theodor: Verkehrsrecht und Verkehrswirtschaft, ein Kompendium zur kritischen Einführung in die Ordnung des Verkehrs, Berlin - Göttingen - Heidelberg 1960

Krischer, Ulrich: Einführung der Deckungsbeitragsrechnung in Verkehrsbetrieben, in VDI-Zeitschrift Reihe 12 Nr. 16, Düsseldorf 1967

Krömmelbein, Gerhard: Leistungsverbundenheit im Verkehrsbetrieb, Frankfurter Wirtschafts- und Sozialwissenschaftliche Studien, Heft 17, Berlin 1967

Kuttner, Fritz: Die Selbstkosten der Verkehrsbetriebe bei schwankendem Beschäftigungsgrad, Berlin 1932

Kuus, Manfred: Frachtenbildung und Kalkulation der rheinischen Motortankschiffahrt, Diss. Frankfurt a.M., 1950

Lange, Alfred W.: Die öffentlich-rechtlichen Gebühren und die privatrechtlichen Entgelte im Binnenschiffsverkehr, in: Problemkreis Binnenhafen, Schriftenreihe der Deutschen Verkehrswissenschaftlichen Gesellschaft e.V., Reihe B: Seminar Köln 1966

Layer, Manfred: Möglichkeiten und Grenzen der Anwendbarkeit der Deckungsbeitragsrechnung im Rechnungswesen der Unternehmung, Berlin 1967

Lüthi, Rolf: Leistungserstellung, Betriebsabrechnung und Kostenabhängigkeit in der schweizerischen Seenschifffahrt, Diss. Bern 1955

Männel, Wolfgang: Kann die Vollkostenrechnung durch den Ausweis "gesonderter Fixkostenbeiträge" gerettet werden? in ZfB, 37. Jg. 1967, S. 759-782

Morner, Peter: Der gegenwärtige Stand der Kostenrechnung in der Verkehrswirtschaft, BFuP, 17. Jg. 1965, S. 97 u. 148

Most, Otto: Die Tarifpolitik der Deutschen Reichsbahn unter besonderer Berücksichtigung der Beziehungen zwischen Eisenbahn und Binnenschiffahrt, Mannheim 1948

Müller, J. Heinz: Die Binnenschiffahrt im Gemeinsamen Markt, Schriftenreihe zum Handbuch für Europäische Wirtschaft, Bd. 28, hrsg. von Heinrich Rieber, Baden-Baden 1967

Münzner, R.: Die Arbeitszeit in der deutschen Rheinschiffahrt, Diss. Tübingen 1963

Rahmentarifvertrag für die deutsche Binnenschiffahrt (Fracht- und Personenschiffahrt), gültig ab 1. Juli 1969, Veröffentlichung der Gewerkschaft Öffentliche Dienste, Transport und Verkehr, ohne Ort und ohne Jahr

Richter, Hermann: Das Problem der Erfolgsspaltung, in ZfhF, 22. Jg. 1928, S. 197

Riebel, Paul: Ertragsbildung und Ertragsverbundenheit im Spiegel der Zurechenbarkeit von Erlösen, in Beiträge zur betriebswirtschaftlichen Ertragslehre, Erich Schäfer zum 70. Geburtstag, Opladen 1971, S. 147-200

Riebel, Paul: Deckungsbeitragsrechnung, in Handwörterbuch des Rechnungswesens, hrsg. von Erich Kosiol, Stuttgart 1970, Sp. 383-400

Riebel, Paul: Die Bereitschaftskosten in der entscheidungsorientierten Unternehmerrechnung, in ZfbF, 22. Jg. 1970, S. 372-386

Riebel, Paul: Kurzfristige unternehmerische Entscheidungen im Erzeugungsbereich auf Grundlage des Rechnens mit relativen Einzelkosten und Deckungsbeiträgen, in NB, 20. Jg. Dezember 1967, S. 1-23

Riebel, Paul: Innerbetriebliche Statistik, in Allgemeines Statistisches Archiv, Band 49 (1965), H. 1, S. 47-71

Riebel, Paul: Die Deckungsbeitragsrechnung als Instrument der Absatzanalyse, in "Absatzwirtschaft", Handbücher für Führungskräfte, hrsg. von B. Hessenmüller u. E. Schnaufer, Baden-Baden 1964, S. 595-627

Riebel, Paul: Die Preiskalkulation auf Grundlage von "Selbstkosten" oder von relativen Einzelkosten und Deckungsbeiträgen, in ZfbF, 16. Jg. 1964, S. 549-612

Riebel, Paul: Aufsatzreihe über Einzelkosten- und Deckungsbeitragsrechnung in der Zeitschrift für Buchhaltungsfachleute (E. Schmidt-Verlag), 10. Jg. 1964, mit den Teilen:
1. Die Mängel der Vollkostenrechnung (H. 1)
2. Grundlagen des Rechnens mit relativen Einzelkosten und Deckungsbeiträgen I u. II (H. 2 u. 3)
3. Der Aufbau der Grundrechnung im System des Rechnens mit relativen Einzelkosten und Deckungsbeiträgen (H. 4)
4. Durchführung und Auswertung der Grundrechnung im System des Rechnens mit relativen Einzelkosten und Deckungsbeiträgen I u. II (H. 5 u. 6)

Riebel, Paul: Die Problematik der Normung von Abschreibungen, Veröffentlichungen der Wirtschaftshochschule Mannheim, Reihe 2, Reden, Heft 11, Stuttgart 1963

Riebel, Paul: Das Rechnen mit relativen Einzelkosten und Deckungsbeiträgen als Grundlage unternehmerischer Entscheidungen im Fertigungsbereich, in NB, 14. Jg. 1961, S. 145-154

Riebel, Paul: Das Rechnen mit Einzelkosten und Deckungsbeiträgen, in ZfhF N.F., 11. Jg. 1959, S. 213-238

Riebel, Paul: Richtigkeit, Genauigkeit und Wirtschaftlichkeit als Grenzen der Kostenrechnung, in NB, 12. Jg. 1959, S. 41-45

Riebel, Paul: Gestaltung der Kostenrechnung für Zwecke der Betriebskontrolle und Betriebsdisposition, in ZfB, 26. Jg. 1956, S. 278-289

Rieger, Wilhelm: Einführung in die Privatwirtschaftslehre, 2. unveränderte Aufl., Erlangen 1959

Schäfer, Erich: Die Unternehmung (Einführung in die Betriebswirtschaftslehre), 4. neubearbeitete und erweiterte Auflage, Köln und Opladen 1961

Schneider, Dieter: Kostentheorie und verursachungsgemäße Kostenrechnung, in ZfhF N.F., 13. Jg. 1961, S. 677-707

Virkkunen, Henrik: Das Rechnungswesen im Dienste der Leitung, Helsinki 1956

Walther, Alfred: Einführung in die Wirtschaftslehre der Unternehmung, 1. Band, Der Betrieb, 2. Auflage Zürich 1959

Printed in Great Britain
by Amazon